アンチ
ウイルス
ソフトとしての
社会学

アタマと
ココロの
健康の
ために
II

ましこ・
ひでのり

三元社

アンチウイルスソフトとしての社会学

アタマとココロの健康のために　Ⅱ

目次

凡例≒構成と注意

1. 表記法のユレをさけるなど言語学的判断から、訓よみをできるかぎり回避している（固有名詞や慣用的なもので、かながきにすると読解困難になるものは、このかぎりではない）。また、誤読をさけるために、ふりがなをふっている漢字があるが、表音主義をとっている。たとえば、「汎用性」のようなかたちである。なお、引用した原文にないルビをおぎなった箇所がある。

2. 文献情報は、巻末の【参考文献】にある。家族名による 50 音表記である。カタカナ人名も、家族名を先頭に、個人名をあとにまわしている。

3. 引用文献の大半は日本人の著作だが、日本人名の家族名表記は漢字が普通であり、とてもよみづらいのが難点である。そのため、たとえば、文中での典拠文献は（うえの 2018：182-3）などと、家族名をかながきにしてある。巻末の【参考文献】の「うえの」をさがすと、2018 年の文献は「うえの・ちずこ（上野千鶴子）2018『女ぎらい』朝日新聞出版」らしいことがわかる。これは、「上野千鶴子さんという人がかいた『女ぎらい』というタイトルの本を朝日新聞出版が 2018 年にだした」「出版物の 182 ページから 183 ページを参照のこと」、と理解してほしい。

4. 文末（句点「。」の直前など）や文中にまじる、ポイントのちいさなアラビア数字（「……16 。」といった形式）は、章末注である。各章の最後を参照のこと。

はじめに

　ウイルスは寄生さきの生命体（宿主）からはなれてしまうと、いずれタンパク質＋核酸（完全な非生命体）と化してしまいます。したがって、「寄生してはじめて活動できる情報伝達物質」といってもさしつかえありません。

　一方、ヒトがずっと共有してきた「ことば」などの文化も、ヒトがいなくなってしまえば、うけざらのない信号にすぎません。こうして、かきしるしているモジ情報も、モジ体系（漢字カナまじり表記システム）を理解できる人間あってこそ意味をもつわけです。解読者がいなくなった時点で、情報は存在しないのとおなじことになります[1]。

　そうです。「ニホンゴ」という1億人以上がつかっているとされる言語現象は、一般に「ニホンジン」とよばれる集団の大脳に寄生した情報体系が、ヒトにかたらせ、ヒトにかかせて日々再生される現実です。このような、ある集団の大脳に共通して寄生する情報体系を、生物学者リチャード・ドーキンス博士は「ミーム（meme）」となづけました。動植物など生命体が、みな遺伝子情報のコピーを介して生命現象をくりかえしてきたのと同様に、ヒトが共有するミームは、ヒトの大脳に寄生し、ヒトの心身を利用してコピーをくりかえさせる魔法のような作用を維持してきました。

　つまり、わたしたちが日々もちいている「ことば」とか「うた」「おどり」「体操」など、ありとあらゆる文化現象とは、みんなミームの指令をすなおにきいて活動するヒトが複数いるからおきている現実なのです[2]。

こういった文化観・人間観を参考に、本書では、「社会的ウイルス」という名称─概念を提唱します。ここでいう「社会的ウイルス」とは、自分自身ないしは周囲に攻撃的な言動を指令するような悪質な病原体的存在をさします。「社会的ウイルス＝悪性ミーム」とかんがえてください。「社会的ウイルス」に感染すると、ヒトの脳内には、がん細胞のように自傷的な心理が発生したり、生命体や空間や文化財などに攻撃をくわえたくなるとかんがえられます。こういった自他への攻撃性が発症すると、それをみた（きいた）周囲の人物にも一部伝染していきます。まるでB級ホラー映画のようにきこえるかもしれませんが、このような「社会的ウイルス」というモデルをもちだすと、人間界で発生しているさまざまな問題が相当程度一貫して説明できることが、だんだんわかってもらえるとおもいます。

　本書は、以上のような「社会的ウイルス」概念をはじめて提唱した前著『アタマとココロの健康のために』（ましこ2018b）をもとにかきおろしました。「社会的ウイルス」で説明できそうな社会現象をなるべく網羅的に紹介し、あわせて、その感染対策としての「ワクチン」にあたるのが、社会学や人類学・障害学、ジェンダー論やクィアスタディーズなどだという、「ファイアウォール（アンチウイルスソフト）」の一覧を提供しようというものです。

　いわば《10代のうちに「ワクチン」を接種しておけば、おおくの社会的ウイルスの感染がふせげるし、社会的地位があがるなどして攻撃性を発症させるまえに「ワクチン」をうっておけば、あらたな感染者もおさえられるはず》といったみとおしにたって、問題提起していきます。

よみすすめれば、わかるとおもいますが、われわれのほとんどは、無自覚なまま多数の社会的ウイルスに感染してしまっています。それらを「修行」などによって完全駆除することは、理論的は可能かもしれませんが、おそらくほぼムリです。ですが、うえにのべたように、感染したウイルスを発症させずに一生をおくることは可能だとかんがえます。なぜなら、自他に対して有害な言動をやらかさないこと、それにより他者へ感染させないことは可能なはずだからです。つまり、修行のような特別なトレーニングなどを介して「聖人君子」にうまれかわるのではありません。感染者だけど危険ではない存在として一生を安穏にすごせる手法として、社会学周辺の知的蓄積をとりいれようというこころみです。

　ここには、食餌療法による減量計画のような失敗はありません。あるとしたら、「自分は、そんな危険な存在ではない」と、自分自身の感染事実を否認して、自己欺瞞に終始してしまうこと。発症回避のための作業をイヤがって、ひらきなおってしまうことだけです。ワクチンを接種しつづければ、減量計画の失敗＝リバウンドとはことなり、攻撃性はへっていくはずですから。

　　40年まえ、ソ連のアフガニスタン侵攻により10年にわたる紛争が
　　開始した日に　　　　　　　　　　　　　　　　　　（2019/12/24）

1 もちろん、古代文字のように、「暗号解読法」が後世「発見」される可能性はのこりますが。

2 ミームの本質は一体なんであり、そしてどんなメカニズムと機能をもっているのかについては、膨大な研究蓄積があり、簡潔に説明することはむずかしいのですが、一応、スーザン・ブラックモアらの「ミーム学」という分野での整理にもとづいて、議論をくみたてています（ブラックモア 2000）。

1章

なにをきらうか、なんできらうかで、個人・集団の本質がみえる

1-1.「きらいなもの」：ヒトにおける個人差と集団差

　あなたは、なにがきらいですか。「ゴキブリ」「ピーマン」「体育」「香水」……たくさんの、そして、さまざまな「きらいなモノ」があがりそうです。

　この、にがて意識とか、拒否したい心理は、ほかの動物とはちがって、とても人間的な現象です。そもそも、動物には「天敵」や「毒物」など生命の危険をもたらす要素が確定しているし、たとえば天敵の尿の臭気などをこわがる実態がしられています。それに対して、ヒトには個性や集団差がおおきいことがわかります。

　アルコール飲料がすきなヒトがいる一方、アルコール不耐症のようにアルコール滅菌だけでも炎症をおこすヒトがいる。きらいな食べ物も多様なので、その事実自体がおもしろがられ「食わず嫌い王決定戦」といった番組コーナーさえ人気でした。異性と親密になりたがるヒトがたくさんいる一方、異性は拒否したいというヒトもいる。つまり、ものごとに対する好悪には、おおきな個人差がみられます。

　同時に、これら好悪は、単なる個人差ではなく、集団差として観察されるばあいも、すくなくありません。たとえば、イスラム教徒は、戒律でアルコールが禁じられているので、アルコール分をふくむミリンさえも、料理にはいっていることが重大問題となります。けがれた動物だとして、ブタを食文化から完全排除し、生産工程でラード由来の食材と微量でも接触があったものは厳禁となるなども、イスラム教の戒律ゆえです。神様と信じるウシをヒンドゥー教徒がたべられないことはもちろんです。神様を尊敬するがゆえに、食用にころすなんて、かんがえもできないことなわけです。これらは、

おもに宗教上のおしえから、食文化上のタブーといわれるもので、人間集団の一部として生理的に体内で拒否反応がおきるものではないでしょうが、ともかく「食用から完全排除される」対象が集団ごとにちがうということです。この延長線上には、信念として、動物性タンパク質を食さないといったベジタリアンという集団が視野にはいってきます。

　これらの現象は、人類学者の西江雅之さんが指摘したように、ヒトは生理的にたべられるもののうち、ごくわずかしか食用としない、という普遍的現実として理解できます（にしえ2005）。そして、その食用からの除外は集団ごとに千差万別であると。栄養分とか毒性とか、そういったものとは無関係に、集団として「イヤ」としているわけです。

　では、自分のきらいなことはなにか、かぞえあげてみましょう。そしてつぎに、なぜ、それがきらいなのか、かんがえてみましょう。いかがですか。

　「ゴキブリがきらい」なら、それはなぜですか？　「クロくてキモチわるい。」おや、それでは、碁石、スイカのタネ、タピオカも、キモチわるいでしょうか？　あなたの黒目も、カガミにうつるとキモチわるく感じますか？

　欧米ではレイシズム（普通「人種主義」と訳されている）の標的として、アフリカ系住民や選手などがイヤがらせをうけたり、無抵抗な態勢なのに警官に射殺されたりして社会問題になってきました（「黒人差別」）。日本でも、サッカースタジアムやネット上で差別事件が何度も発生したので、「対岸の火事」では全然ありませんね。おまけに、日本では、近年「ブラック企業」とか「ブラック

バイト」といった形容詞が流行して、「ブラック＝暗黒の、弱悪な、……」といった、マイナスイメージが固定化しているようにみえます。すくなくとも、前述の「ゴキブリぎらい」と、完全に無関係ではなさそうなので、非常に厄介そうな予感がしてきましたね。

さきほどのべたように、すききらいというのは、ほかの動物とちがって、個人差と集団差がおおきいのでした。そして、みなさんも、個人的な好悪がはっきりしていて、周囲のみんなとあきらかにちがう点があり、同時に、周囲のみんなと「にたもの同士」の面がたくさんあることも、なんとなくわかるとおもいます。「ピーマンやニンジンはきらいだけど、キャベツやレタスはすき」とか「骨がたくさんあるサカナは苦手だけど、サシミはすき」「コーヒーの苦味はイヤだけど、紅茶・緑茶の苦味はすき」など。そして、こういった、飲食での「すききらい」にかぎらず、わたしたちの大半は別々の苦手をいくつもかかえている点で、みな個性的だといえます。同時に、周囲のみんなとおなじ系統のモノがすきという点で「普通」ともいえるなど、両面をもっているとかんがえられるでしょう。色彩とかファッションとか、音楽とか、スポーツやダンスとか、ありとあらゆるものたちに。

これら好悪の多様性には、さきほどあげた飲食についてのタブーもあるでしょうが、「シイタケの食感がダメ／シイタケのダシは正直はきけがする」といった、個々人の生理的嫌悪も実在するでしょう。当人にとっては、アレルギーなどとは別に、深刻な問題です。モンゴル人力士たちのように、はきけがする魚介類を必死にたべられるように合宿生活のちゃんこなべで「修行」して、なんとか適応するばあいもあるわけですが、プロ選手にならないひとには、必要ない苦行ですよね。

1-2. 最近の「韓国ぎらい」をかんがえる

では、最近メディアでめだつ、「韓国人がきらい」とか「中国人がきらい」とかといった反応は、こういった「すききらい」の多様性、個々人の個性や集団の特性、といった解釈で問題ないのでしょうか?

「韓国人がきらい」な理由、「中国人がきらい」な理由は具体的にはなんですか? 「反日的だから」では、「韓国人の大半が日本人を侮辱したり不買運動を実行している」「中国人は政府の洗脳で日本人を極悪人だらけと誤解している」といった、ちまたのうわさの具体的根拠は、どこにあるのでしょう? 「▲▲新聞が報じていた」「有名な△△がツイッターでながしていた」などあたりかなとおもいますが、「▲▲新聞」や有名人「△△さん」がながした主張が本当にただしい根拠はどこにあるのでしょう? みなさんは、それを「ウラとり」するなり、複数のルートをかさねあわせて確認できましたか? おなじような「コピペ」が無数にながされているものと、ほぼ同文だったりしませんか?

ちなみに、日本人の嫌韓意識は、時代ごとに大変動してきました。ベルリン・オリンピック（1936年）に朝鮮系日本人が参加していた時代（マラソンで孫基禎が優勝など）などは、日本の学生対象の好きな民族調査（1939年）によれば、ドイツ人、イタリア人、満州人についで朝鮮人は4位だったそうです。それが戦後の10年後には14民族中最下位だったそうですから、この乱高下は尋常ではありません（鈴木二郎『人種と偏見』紀伊国屋書店,1969年＝ウィキペディア「嫌韓」から）。

近年でも同様で、「日韓両国民は相手国に親しみを感じるか」（honkawa2.sakura-ne.jp/8005.html）という調査結果によれば、日韓サッカー・ワールドカップ共催（2002年）前後には、「韓国に親しみを感じる」との回答が「69%→77%」だったのを頂点に一貫して評価が低下していき、2012年には約50%、2015年には31%強までおちてしまいました。1995年ごろには38%だった数値よりもさがってしまったわけで、これは国民感情が20年で急上昇の反動でむしろ悪化したといってさしつかえないでしょう。

　問題は、ワールドカップ共同開催後の日本での韓国熱急落の理由はなにかです。もちろん、嫌韓意識で一貫している層は「サッカーやドラマで幻想をみせられたけど、バケの皮がはがれて、当然の印象におちついただけ」「20年まえよりさがったのは、韓国人の実相がよくわかったからで、むしろ、女子高生などのK-POPブームなどが不可解」といった意見が主流なのでしょう。しかし、そんな簡明な「分析」結果で乱高下を説明してしまっていいのか？　特に女子大学生などが、「K-POPとか韓国文化はすきだけど、韓国の反日的な政治姿勢はきらい」といった反応をみせていたり、日本製品だいすきの韓国人がたくさんいる現実などをみるにつけ、問題なのは「韓国人の反日教育・反日感情」の方ではなくて、むしろ韓国人の対日意識を変化させている「なにか」のような気がします。

　たとえば、うえで参照したおなじウェブページの「日韓両国民の相手国の好き嫌い」というグラフでは、韓国は1991年→1999年→2010年と、一貫して「日本が好き」が漸減し（39%→36%→28%）、「日本が嫌い」が漸増しています（58%→63%→71%）。これは、韓国で90年代から一貫して日本ばなれが、すすんでいることをしめしています。おそらく嫌韓勢力なら、「韓国が日本の経

済援助・技術援助をかてに発展し経済大国にちかづくにつれて増長し、政権への不満を反日教育や反日キャンペーンであおったせいだ」などと、きめつけることでしょう。しかし、そういった反日意識が90年代から一貫してつよまり、親日的[3]ふんいきが弱体化していたなら、日本への観光客がふえることもなかったでしょうし、それこそ不買運動がもっとはやくからすすんでいたのではないでしょうか？　もちろん嫌韓勢力なら、これも「日本製品や日本のおもてなし文化がすぐれているのは当然なので、日本文化はすきで消費せざるをえないけど、日本の優秀性に嫉妬することで反日意識はつよまるばかりだったはず」などと解釈しそうです。

　でも、本当に70％以上のひとが日本をきらいなら、あれほど観光客が来日し、あれほどK-POPのスターたちが日本で愛想をふりまいたでしょうか？　それも「日本の観光文化がすぐれているから、韓国民の28％がきただけ」「日本市場が巨大なので、でかせぎで我慢しただけ」と解釈して問題ないのでしょうか？

　しかし、日本人の対韓感情は、以上のような解釈と齟齬(そご)をきたします。まず、日本人の「韓国が好き」は1991年→1999年→2010年で34％→44％→63％とあきらかに増加したのです。高齢者、特に男性を中心に韓国ぎらいがおおいといわれているので、高齢化によってこの増加傾向を説明するのは不可能です。さらに「韓国が嫌い」は、1991年→1999年→2010年で41％→52％→25％と、一旦20世紀末に悪化したのに急減しました。これによって、ワールドカップ共同開催で韓国人の本質がよくわかったから嫌韓意識がつよまったのは当然、といった解釈も崩壊します。なにしろ、2002年前後をはさんで嫌韓層がほぼ半減という高感度アップなのですから。

　むしろ、うえにあげたような嫌韓系解釈の非現実性よりも気にな

るのは、日本人に韓国ずきがふえる傾向、あわせて韓国ぎらいが減少するのと反比例するかのように、韓国人の日本ぎらいがふえている点です。これは、日本人の「かたおもい」というべきで、「韓国人が日本をきらっているから、日本人がイヤがるのは当然」という解釈が事実に反することを意味します。つまり、嫌韓系日本人が信じたがっているイメージとはことなり、日本のわかものはK-POPスターや韓流ファッションや食文化がすきで、高齢者も時代劇などをこのんでみているなど親韓層があきらかに漸増傾向にあるのに、メディア上やネット空間では嫌韓層が急増しているかのような、事実に反するイメージが固定化していることを、うかがわせます。こういった矛盾こそが、さきに紹介した「K-POPとか韓国文化はすきだけど、韓国の反日的な政治姿勢はきらい」といった反応をもたらしていると推測できます。

　日本人の相当部分は、テレビや雑誌やネットで喧伝 (けんでん) されているみたいに韓国をきらっているわけではないし、韓国人にきらわれているという報道（観光旅行客激減やイベント中止、不買運動など）にとまどい、かなしんでいるのではないか？　一方、韓国民のすくなくとも一部は依然として親日的であり、日韓関係の悪化をかなしんでおり、「日本にくし」一色でそめられたりはしていない。でも、さきにあげたように、日本人の相当数が親韓的心情をつのらせているわりには、日韓関係はすくなくとも政治上悪化の一途をたどっているし、観光客の激減など実害がでていると。そしてなにより、日本人の「かたおもい」として、韓国での日本ぎらいは確実に多数派をしめるようになってしまっているらしいと[4]。

　やはり、「韓国との断交必至」「自業自得で世界からみすてられる韓国」といった、一見いさましげな攻撃的反韓キャンペーンの論調

を日本全体での多数派意見だと錯覚するのは危険です。そして「韓国人のなかで日本びいきがへっているメカニズムはなにか？」「日本人の「かたおもい」傾向はなぜ進行してしまったのか？」「メディアが事実とズレた報道に終始するのはどうしてなのか？」……といった疑念を冷静に解析する必要があるでしょう。

　でも、そのまえに、ふみこんでかんがえてみたいことがあります。「嫌韓層は、なぜ韓国民がきらいなのか？」「ヘイトスピーチデモで罵詈雑言（ばりぞうごん）を連呼するひとたちの憎悪感情は、どこからくるのか？」などです。

　同様なソボクな疑問は、たくさんだすことができます。「嫌中層は、なぜ（中国共産党政権への不安・不満だけでなく）中国人全体がきらいなのか？」「保守派は、なぜ辺野古基地建設に反対する住民を過激な極左暴力集団だとか、中国のてさきの「反日分子」だとか、「土人」だとか罵倒するのか？」「保守派は、なぜ韓国民や沖縄県民の意向をくもうとする意見を「売国奴」だとか、「反日的」などと断罪するのか？」等々です。

　これらの難詰（なんきつ）は、「中国人」「韓国民」「反対派住民」などに、はげしい反感をもつ層が実在することを意味します。これらの論法は、「うたがいもない正論」だとかれらが確信している現実（おそらく独善性）をしめします。しかし同時に、その異様にうつる激越さは、「確信」しているはずなのに、実はかなりの「不安」「不満」をかかえている逆説的心理をうらがきしているとおもわれます。かれらが、「中国人」「韓国民」「反対派住民」などとはげしく罵倒するのは、実は、自意識レベルでの「確信」とはうらはらに、無自覚なレベルでは、かなりの「不安」をかかえており、だからこそ常軌を逸した表

現（「反日分子」「土人」「極左暴力集団」etc.）さえもちだすのではないかという推測ができると。

　もうひとつ指摘できる点は、かれらが「中国人」「韓国民」「反対派住民」などと標的化する対象は、どうも「一枚いわ」イメージらしいこと。中国人など13億人は最低いるというのに、どうやって「一体となって反日的」と断定できるのか、かれらの統計学的なサンプリング法は、いかにも微妙です。もちろん、かれらは「反対派住民」のはなしをきいたことなどなさそうだし、そもそも『沖縄タイムス』や『琉球新報』など地元紙をよんでみたこともないでしょう。なぜかれらが、現地に実在するだろう多様性をそこまで捨象して、「反日分子しかいない」と確信できるのか、正直ナゾではないでしょうか？[5]

　ともあれ、本章のタイトルを「なにをきらうか、なんできらうかで、個人・集団の本質がみえる」としておきました。かれらのしがみつく「確信」のあやうさと、かかえる「不安」のおおきさを推測すればするほど、そして「標的」とされている人間集団がかかえる多様性をイメージすればするほど、たとえば「嫌韓・嫌中層の本質（品性／知性／不安……）がみえる」ような気がします。「かれらが標的＝敵と信じている集団の本質は一体なにか？」また、「かれらが、そうくくれると信じてうたがわないらしい具体的・客観的根拠はどこにあるのか？」「かれらは、一体なにをおそれているのか？」

　以下、以上のような攻撃性が端的にふきだす社会問題をいくつかとりあげ、「攻撃者のかかえる暴力性のみなもとはどこにあるのか？」「その本質やメカニズムをスケッチすることで、類型化は可能か？」……こういった課題にとりくんでいきたいとおもいます。

3 ちなみに、現代韓国や朝鮮において「親日派」（チニルパ；친일파）は、売国奴の含意をもつ侮蔑語＝レッテルであるため、日本に対する好意を表現したいなら「知日派」（지일파）をえらぶほかないといわれています。前者にいう「親日」とは、帝国主義日本の植民地支配を肯定するという歴史認識を意味するからです。

4 もっとも、最近のある調査では、日本での親韓派が急減しているというデータもあります。

> 「韓国に親しみを感じるか感じないかという問いでは、「親しみを感じる」と答えた人が、去年（39.4％）より12.7ポイント減って、26.7％と過去最低となり、「韓国に親しみを感じない」と答えた人は7割を超え（71.5％）、過去最多となった。」「ちょうど10年前の2009年の調査では、韓国に親しみを感じる人が63.1％、親しみを感じない人が34.2％だった。それがこの10年間で韓国への親しみの有無はすっかり逆転し、それ以上の不信を招いている格好で、まさに異常な事態と言える。」（フジテレビ政治部 首相官邸担当山田勇「韓国に「親しみ感じない」人が急増で過去最多に！　国民レベルでも"韓国スルー進行"も？　改善のきっかけは…」
>
> 『FNN PRIME OMLINE』2019/12/20）

この調査が充分に正確なサンプリングにもとづいているかどうかはともかく、同一の調査法での経年比較であるなら（抽出法や質問項目がまったく同一なら）、韓国への親疎が短期間で乱高下する国民であることが、再確認できたともいえます。

ちなみに、この筆者が「この10年間で韓国への親しみの有無はすっかり逆転し、それ以上の不信を招いている格好で、まさに異常な事態と言える」といった、ひとごとのコメントを付している点は重要です。なぜなら、メディアをになう自分たちの責任をつゆほども感じていないらしいこと、「不信」「異常な事態」の責任が日本がわには皆無で、すべては韓国がわにあると信じている。ないしは、そう印象操作したいという意図がかくされていることがすけてみえるからです。たとえば「この10年間で韓国への親しみの有無はすっかり逆転し」と責任転嫁ともとれる総括ですが、「韓国への親しみ」を感じていた理由はなんだったのか？　単に表面的なやりとりゆえ、だまされていただけとでもいいたいのか？など、さまざまなツッコミが可能でしょう。

もちろん実際にそう感じとれるかは、ひとえにメディアリテラシーの高低にかかっています。

5 ちなみに、日本政府と訴訟をふくめて、はげしく対峙した大田昌秀もと沖縄県知事（1925-2017）は、メディア・戦史を対象とする社会学者としてスタートしましたが、初期の代表作のひとつが『醜い日本人　日本

の沖縄意識』でした（おーた 1969, 2000）。表題だけで右派が反日文書ときめつけるだろう、この啓発書は、後世、植民地主義批判として一層深化した『無意識の植民地主義——日本人の米軍基地と沖縄人』や『植民者へ』などとして継承されています（のむら 2005, 2007, 2019）。

2章
仮説「攻撃性を誘発するウイルス的存在がどこかに実在する」

2-1. 小仮説 1「社会的ウイルスは、なにかを標的として ヒトに攻撃させる」

本書冒頭で、「社会的ウイルス」とは、自分自身ないしは周囲に攻撃的な言動を指令するような悪質な病原体的存在をさすと暫定的に定義しました。

ここでは、具体的にたしかめやすい現象／メカニズムをとりあげるために、「なにかを標的としてヒトに攻撃させる存在」をさがしてみましょう。

歴史上容易に確認できるものとしては、たとえばつぎのようなものがあるでしょう。

● 奴隷狩りと南北アメリカ大陸への拉致連行＝アフリカ現地民の家畜化
● 関東大震災直後の自警団や官憲による朝鮮人狩り＝朝鮮籍臣民への疑心暗鬼
● ナチスによるホロコーストなど、ユダヤ系／ポーランド系／ロマ系住民の虐殺
● 治安維持法下での共産党員などへの逮捕／拷問
● 冷戦下のアメリカ／韓国などでの反共政策
● 冷戦下におけるソ連／東欧／中国／朝鮮での密告＝相互監視による反政府分子摘発

ほかにも多数の歴史的事例をあげられますが、これらは否定しようがない歴史的事実[6]として、確実でめぼしいものです。

では、以上列挙した事例は、なにを標的にし、加害者は具体的に

だれなのでしょうか？

● アフリカから新大陸への奴隷輸出＝〔標　的〕アフリカ現地住民
　　　　　　　　　　　　　　　　　　〔加害者〕奴隷商人＋植民者
● 関東大震災直後の朝鮮人等の虐殺＝〔標　的〕朝鮮籍臣民（内地
　　　　　　　　　　　　　　　　　　　　　　　への移民労働者）
　　　　　　　　　　　　　　　　　　〔加害者〕自警団＋官憲
● ナチス支配下での強制収容所虐殺＝〔標　的〕ユダヤ系／ポーラ
　　　　　　　　　　　　　　　　　　　　　　　ンド系／ロマ系住民
　　　　　　　　　　　　　　　　　　〔加害者〕ナチス官憲＋ドイ
　　　　　　　　　　　　　　　　　　　　　　　ツ国民
● 戦前治安維持法による逮捕／拷問＝〔標　的〕共産党員ほか反体
　　　　　　　　　　　　　　　　　　　　　　　制知識人／活動家
　　　　　　　　　　　　　　　　　　〔加害者〕官憲
● 冷戦下の米韓等での反共政策　　＝〔標　的〕自由主義者など政
　　　　　　　　　　　　　　　　　　　　　　　府批判勢力＋市民
　　　　　　　　　　　　　　　　　　〔加害者〕官憲＋右翼
● 冷戦下ソ連／東欧／中国での密告＝〔標　的〕自由主義者など政
　　　　　　　　　　　　　　　　　　　　　　　府批判勢力＋市民
　　　　　　　　　　　　　　　　　　〔加害者〕官憲＋市民および
　　　　　　　　　　　　　　　　　　　　　　　学生のなかのスパイ

　これらの歴史的事例は、みな現在なら民事訴訟はもちろん、凶悪
犯罪ないし権力犯罪として、はげしい批判をあびるようなものばか
りです。しかし、上位3件と下位3件とでは、時代背景や歴史的経
緯がちがうことをわりびいても、暴力のありようがあきらかに異質

です。それはどこでしょう？

　明白なことは、下位3件がすべて「国家権力（ときの政府）に反逆する謀反人」といった位置づけで摘発・弾圧がくわえられたケースばかりという点です。それに対して上位3件は、加害者がわが劣等だと信じこんだ異民族などに非道におよんだ蛮行ばかりだったという点で共通点があります。つまり下位3件は、政府が反体制勢力と敵視した集団／個人を標的とした政治的弾圧。上位3件は、加害者がわが劣位集団を家畜あつかいしたり、疑心暗鬼で暴動あつかいしたり、不潔な集団として粛清する必要性があるとおもいこんだりしたケースなのです。

　筆者は、下位3件などが独裁体制や反共主義とよばれる政治組織がかかえる不安＝疑心暗鬼がもたらした集団ヒステリーの一種とかんがえています。そして、その原因は「アンチ思想的多様性系ウイルス」ないし「独善的潔癖症ウイルス」とでもよぶべき独善性を悪化させる知的毒物の産物だとの仮説をもっています。

　他方、上位3件などが、血統や宗教信条などで集団をわるくすれば悪魔化して攻撃を正当化させるような「レイシズム系ウイルス」、ないし現地住民からの略奪を正当化するような「コロニアリズム系ウイルス」のひきおこした蛮行だという仮説をもつにいたりました。

　もちろんほかにも、アメリカ軍が日本本土空襲や原爆投下などでくりかえした無差別爆撃であるとか、アメリカ本土自体が例外的に標的となったアメリカ同時多発テロ事件であるとか、日本やアメリカだけに限定しても大小無数の暴力現象をあげることができます。しかし筆者は、それらもほとんど、うえのような本質の解析が可能だとみています。なぜなら、それらの暴力性は、動物の繁殖行動とはあきらかに異質であり、標的に対する悪意が巧妙に合理化されて

いると感じられるからです。この合理化＝正当化する病原体的存在のメカニズムについては、のちほど必要に応じて重要な事例をとりあげながら、解明していきます。

2-2. 小仮説 2「社会的ウイルスは、その本質を階層化をふくめて類型化できる」

　このような歴史的事例から帰納的に蛮行等をもたらしたと推定される「知的病原体＝社会的ウイルス」を、以下のように類型化してみました。もちろん、網羅的・体系的ではないでしょうし、歴史的事例を全部整合的に説明できるとはおもいませんが、なるべくおおくの歴史的蛮行を、なるべく少数のわくぐみ（本質的構造やメカニズム）で説明可能とおもわれる「理念型」（M.ウェーバー）として列挙していきます。

　「理念型」とする以上、現実の忠実な反映＝帰納的整理ではなくて、現実のメカニズムをなるべく単純な本質に分解し、そのくみあわせで説明できないか、というモデル＝操作的な抽象化の提案です。

　まずは、大項目として「他害系ウイルス群」と「自損他害系ウイルス群」に二分し、そのうえで複数の小項目をたてました。

【他害系ウイルス群】：基本的に周囲に対する攻撃性を本質とする社会的ウイルス。
● レイシズム系ウイルス：民族／宗教／出自などで劣等な集団が実在するとおもいこませ、攻撃／収奪等差別を合理化させる社会的ウイルス。優生思想など社会ダーウィニズムの核となる知的病原体。

● コロニアリズム系ウイルス：生育地ないし故地からはなれた地域や現地住民の資源をうばう権利があると錯覚させ収奪を合理化させる社会的ウイルス。レイシズム系ウイルスによって攻撃性が合理化＝悪化する知的病原体。

● アンチ思想的多様性系ウイルス：「地球上の人間には無数の思想的多様性が実在し、それは結局さけれらない」という現実を拒否させる社会的ウイルス。

● 階級差別ウイルス：いわゆる同国内にくらす「隣人」同士でありながら、そこに経済的階級や血統上の身分など分断を自明視させ、攻撃／収奪等差別を合理化させる社会的ウイルス。

● 調教系ウイルス：他者（動物をふくむ）を改善できると信じてうたがわないまま支配／攻撃を合理化させる社会的ウイルス（→虐待／DV／スポ根 etc.）。コロニアリズム系ウイルス／レイシズム系ウイルス／階級差別ウイルス、アンチ思想的多様性系ウイルス／同化ウイルスなどとの相乗作用によって少数者への攻撃性を合理化＝悪化させる知的病原体。

● 保身ウイルス：自身のリスクを最小限にするためには公正／公平性や科学性などを平気で無視させ、そこで犠牲になる人物等をみごろしにさせる社会的ウイルス。以下4種類のウイルスと発症状況が酷似し、ときに同一となりがち。

● 謝罪拒否系ウイルス：被害者はもちろん第三者からみても非がある現実を拒否、責任転嫁をふくめ謝罪を徹底的にこばもうとさせる社会的ウイルス。

● 厚顔無恥ウイルス：周囲の迷惑感／鬱屈した不満などを感知できずに、独善性を維持させる社会的ウイルス。謝罪拒否系ウイルスの発症メカニズムとことなり、そもそも罪悪感など自体

が不在。

● 忘却ウイルス：自身／自派にとって、つごうのわるい事実を忘却ないし矮小化して、「なかった」ことにさせてしまう社会的ウイルス。罪悪感が当初あっても消失し独善性が構築されるため、謝罪拒否系ウイルスないし厚顔無恥ウイルスの発症と区別がつかないことも。

● マッドサイエンティスト系ウイルス：独善的な科学観／正義感などから、犠牲者／受苦圏などを平然と視野から除外させるなど、大局的／長期的な合理性を無視した技術開発／制度設計などを正当化させる社会的ウイルス。

【自損他害系ウイルス群】：基本的に周囲に対する攻撃性を本質とするが、長期的には感染者自身の心身にも（無自覚でも）悪影響をおよぼす社会的ウイルス。

● 独善的潔癖症ウイルス：生体が抗原抗体反応をひきおこすのと同様、独善的な汚染忌避感覚により攻撃／排除行動を正当化させる社会的ウイルス。

● 拝金ウイルス：投資など蓄財を自己目的化した行動を追求させ、関係者／利用者などの犠牲に鈍感にさせる社会的ウイルス。企業の社会的責任を企業ブランド上の戦略的偽善とひらきなおらせたり、依存症ビジネス[7]や貧困ビジネス[8]などに良心的呵責を感じさせない等さまざまな合理化により、羞恥心を麻痺させる。

● 自業自得論ウイルス：独善的な勧善懲悪論から、敵視／蔑視する存在の破滅をよしとおもいこませる社会的ウイルス。階級差別ウイルスおよび拝金ウイルス等との連動で攻撃性を悪化させることがおおい。

● 同化ウイルス：善なる価値基準や優位集団の文化／心身にあわせようとコピーをしいたり、意にそわなくても周囲の「空気」に同調をしいる社会的ウイルス。

● いじりウイルス：特徴や失態等を茶化したり嘲笑したりしてよろこぶようなイジワルを誘発したり正当化する社会的ウイルス。発症者たちは自身の悪意を否認し、したしさを確認しているだけとおもいこんだり主張したりするが、端的にサディズムの典型例で、その代表例としては大物芸人やイジメの加害者など。

● 男尊系ウイルス：過酷な環境にたえる目的完遂のためには自他の犠牲をためらわない戦士たちを理想視させ、指揮する長老の支配権も正統化させる社会的ウイルス。暴力やそれを背景にした恐喝など心理的圧迫で劣位者を支配させるマフィア的暴力性を助長する。世襲の独裁者のような巨悪が一方の極にあり、他方『ドラえもん』の暴君「ジャイアン」のような小悪も無数に点在する。また、ミソジニー（女性嫌悪＋女性蔑視[9]）など、「非戦士」たちへの侮蔑・支配・搾取なども正当化させるだけでなく、女性に感染すると「男尊女子」（酒井順子）を誕生させ長老支配等を補完させる。

● アンチエイジング系ウイルス：加齢にともなう容姿／体力の劣化やインペアメントの増加を忌避させる社会的ウイルス。年齢差を度外視した性愛などに執着する症状を呈することもある。

● 節約追求ウイルス：輸送をふくめた課題処理効率をあげることを善とうたがわずひたすら加速化・時間短縮をせまったり、ひたすらコスト削減をせまる社会的ウイルス。拝金ウイルスや自業自得論ウイルスと親和性がたかく、共存しがち。

● ネグレクト系ウイルス：支援が必要とされる存在（弱者や急性の傷病者はもちろん、障害者・貧困層も）をみごろしにさせたり、課題をさきおくりするなど責任放棄させる社会的ウイルス。自分にむけられる「セルフネグレクト」も。

　いきなりズラズラ列挙されると、とまどいますよね。それも当然です。抽象的すぎて、なにが具体例か、さっぱりみえてこないものも実際おおいでしょうし。
　しかし、こういった「知的病原体」を想定することで、想像以上に、過去はもちろん、現在の深刻な暴力性を相当部分カバーできてしまうことが、のちのちご理解いただけると信じています。

2-3. 小仮説3「社会的ウイルスは攻撃を正当化したい宿主に寄生し発症させる」

　ドーキンスやブラックモアら「ミーム学」の創始者たちがいうように、ミームは遺伝子と同様に、自身のコピーをくりかえすよう宿主に命じている主人のような位置にあります（操作主義的な擬人論モデル）。筆者が提起する「社会的ウイルス」も、ミームの一部として、「コピーせよ」という指令をヒトにささやきかけているようにみえます。
　さきに列挙したような社会的ウイルスにとって重要な本質は、宿主にとって、ミーム感染が精神的すくいをあたえてくれる「救世主」的存在だという点です。宿主が、ミームをよろこんでコピーし、さらには攻撃性を発揮することで、周囲に攻撃の継承者をふやしていくのは、「標的を攻撃したい」という「動機」を、宿主たちみな

がかかえていたからだとかんがえられます。いってみれば、動物行動学でいう「解発因」、封印されていた攻撃性を解放してくれる「トリガー」が、社会的ウイルスなのです。そういった動機をかかえていない層には、当然ながら社会的ウイルスは伝染しません。マネなければならない必要性がないからです。

　たとえば鉱山経営者・綿作農場経営者たちにとっては、「不充分であれイングランド語やスペイン語等を解して命令を忠実に実行できる家畜がほしい」という動機がありました。奴隷商人には「生地からひきはなしてバラバラにうりとばしてしまえば、ことばも通じず孤立するから、おもいどおりに家畜化可能で、たかねでうれる」といった、さもしい商売根性があったはずです。大西洋を舞台に何世紀もくりかえされた三角貿易のうち、いきた人間が売買された、みにくい犯罪市場を正当化するために、「レイシズム系ウイルス」や「コロニアリズム系ウイルス」、そして「調教系ウイルス」などは、不可欠だったと想像できます。良心の呵責になやまされることなく、それこそ「神の摂理」などと錯覚したまま、支配・収奪は正当化されていたことでしょう。

　同様の心理は、新大陸にズカズカはいりこんで「入植」し、つぎには先住者の生活圏をおびやかし、ついには生活圏を事実上一掃して「居留地」といった閉所にとじこめてしまい、広域を強奪してしまうという、巨大な蛮行＝植民地主義に、端的にあらわれています。たとえそれが、テレビドラマ「大草原の小さな家」のような幸福な記憶としてかたられたことがあったにせよ、先住者にとっては、偽善・欺瞞のかたまりでしかないでしょう。これら入植者の独善的な侵略行為の正当化（"Manifest Destiny"）や、つごうのわるい事実・歴史の徹底的な忘却などは、「レイシズム系ウイルス」「コロニ

アリズム系ウイルス」「厚顔無恥ウイルス」「忘却ウイルス」などを総動員しないかぎり、不可能だったはずです。まことに、おぞましいはなしですが、欧米列強は500年以上にわたり、帝国日本も150年程度の「黒歴史(くろれきし)」をかかえていますが、その自覚が非常によわいのは、ウイルス感染を充分自覚し反省できたためしがないからだとかんがえられます[10]。

　つまり、理由はともかく、ひどい暴力をふるいたい層が実在し、そういう「こまったヒトたち」の大脳にこそ、社会的ウイルスはおそらく寄生してきました。南北アメリカ大陸に定住するアフリカ系とよばれるひとびとの先祖の大半は、のぞんで移住したわけではありません。かれらには、侵略してでも新大陸に定住したいといった動機が欠落していました。でも、15世紀末ぐらいのヨーロッパ人の一部には確実にありました。だからこそ、アフリカ現地人は奴隷商人（アフリカ大陸出身者だったようですが）による蛮行の被害者になり、新大陸を侵略したヨーロッパ人たちは顧客として加害者になりました。蛮行をくりかえしたいという卑劣な精神にしか社会的ウイルスは寄生できないのです。

　また、こういった攻撃性をかかえ、その正当化をひそかにまちのぞんでいた層は、世界中にバラバラに孤立しているのではなく、かたまってくらす確率がたかいとかんがえられます。すくなくとも過去の欧州大陸には何億人という規模でいたようですし、その末裔(まつえー)が「新大陸」とよばれる各地＝広域にくらしつづけています。かれらが億単位で「レイシズム系ウイルス」や「コロニアリズム系ウイルス」の「感染者」集団でありつづけたこと（いまも完全治癒からほどとおいこと）は、まちがいありません。また、日韓両国で黒人差別が報告されていることをみれば、すくなくとも「レイシズム系ウ

イルス」感染者はすくなくなさそうですし、ベトナム戦争時の韓国軍兵士や日中戦争・太平洋戦争時の日本兵の蛮行は、「レイシズム系ウイルス」や「コロニアリズム系ウイルス」の「感染者」が20世紀東アジアに大量発生していたことをうかがわせます。

「類は友を呼ぶ」といいますが、それは趣味やマニアックな志向だけではなく、他者への攻撃性についてもあてはまるはずです。南京大虐殺や関東大震災直後の自警団による大虐殺などは、戦時暴力や非常時などによる偶発的なパニックというだけでは説明がつかないでしょう。家庭・地域では「温厚な青年」「いい父親」だったようにみえる男性たちが、「暴支膺懲[11]」といったレイシズムによる中国（人）蔑視で洗脳されたり、「大国に勝利した一等国民」といったおもいあがりによって植民地出身者をいじめぬき、その結果うらまれているだろうから復讐されるにちがいないと不安をかかえていたなど、中国人・朝鮮人に対する暴力は、確実に正当化されて大量の蛮行にいたったはずです。

もちろん、遺伝子プールだけで攻撃性を説明することはできないことは、戦後の日本人男性の攻撃性と先祖たちの蛮行を比較すれば、たちどころにはっきりします。自衛官＝戦後の日本軍兵士は、他国でころされた将兵はいても、敵兵・民間人をころした隊員はいません（集団リンチなどで部下に対して実質傷害致死をひきおこした上司は何人もいるようですが、戦時の被害者数とは比較にならないでしょう）。戦前と戦後では、将兵の人口が全然ちがうだけでなく、「敵兵・便衣兵をころすことをなんともおもわない」といった価値観の有無でもことなるからです。戦前戦後で、遺伝子プール上大差ない日本列島住民男性の暴力性は、1945年前後で一変したことが明白です[12]。

2-4. 小仮説4「社会的ウイルスは条件次第で宿主に寄生しても発症させることができず、周囲に伝染させることにも失敗する」

　わかものは、ほかの年齢層よりも、あきらかに血の気がおおく、結果として殺人率もたかいことが経験的にしられていました。動物行動学的解釈をこころみるなら、男性ホルモンがもっとも活発に分泌・作用するはずの10代後半から20代前半までで殺人率がピークになるのには、必然性があるわけです。しかし、2000年に進化心理学者夫妻が発表した論文は、1980年代以降、日本の20歳前後の男性は殺人率がひくく、殺人率がたかいのは30代や50代であることが刑事統計で判明したという主旨でした（はせがわ＋はせがわ2000, はせがわ2008）。進化心理学者が、繁殖行動や男性ホルモン分泌の大小ではヒトの攻撃性を説明できないという、動物行動学の限界をはっきり立証する作業を勇敢にも発表したことは、非常に重要な功績です[13]。

　いいかえれば、遺伝子プールが安定している集団でも、社会情勢が一変すれば殺人率が激減するなど、社会的ウイルス（「男尊系ウイルス」etc.）の感染度とか発症状況はかわりえるということが、はっきりしたわけです。つまり、社会的ウイルスは、攻撃性を発揮したい集団・個人には感染しやすいし発症もしやすいだろうが、同時に「感染リスク・発症リスクは遺伝子情報により生得的に決定されるものではない」ということを意味するのです[14]。社会的条件次第では発症しないことがある。つまり、同一集団内でも感染力がおちたり、実際の発症例が激減することがありえるということです。

　この進化心理学者夫妻は、憲法9条などの平和主義の規定が徴兵

制の復活を抑止し、殺人をふくめた攻撃性をよしとしない価値観が定着したこと、高度経済成長などによって社会がゆたかになり、また高学歴化によって20歳前後のわかものが学生身分についているなどして、職にも訓練機関にも所属していない宙ぶらりんな若者が激減したなどの、文化的・経済的な要因の複合的な作用の産物だろうと、社会学的ないし経済学的仮説をたてるにいたりました。

　戦後日本の男性にあっては、自殺率もおおきな変動をみせたことがしられており、その意味では、自他両方向への攻撃性は、社会的要因の産物なのだと仮説をたてることができるでしょう。そして、それは、社会的ウイルスが首尾よく感染に成功しても、発症にいたらずにコピー拡散に失敗する可能性＝メカニズムを示唆するものです。

　近年の日本では「草食系男子」といった、従来の「男性らしさ」をすこししかかかえていない層さえ例外的でなくなってきて、社会問題化したほどです。セクハラなども、言動・感覚がひどいままなのは中高年男性であり、女性はもちろん、わかい男性のセクハラ言動や攻撃性は以前と比較してぐっと退潮したといえそうです。

2-5. 小仮説5「社会的ウイルスは宿主の社会的地位のひくさにより寄生しても発症せずにいたのが、加齢による地位向上を機に発症することがある」

　わかものがかならずしも攻撃的であるとはかぎらないこと、そだった社会的環境次第で、暴力性が発揮されない可能性がたかまりそうなことは、前項でとりあげましたが、逆もまたしかりです。さきに、わかい男性のセクハラ言動や攻撃性はぐっと退潮したとい

えそうだと一応のべておきましたが、現在のわかものが、10年後、20年後もジェントルマンでありつづけるかどうかは、保証がなさそうなのです。

　筆者は、前作『アタマとココロの健康のために』で、「中年化」という概念を提起しておきました（ましこ2018b）。30代後半以上の男女が加齢による社会的地位の向上を機に、さまざまな攻撃性を発症していく現象をメカニズムとして解析したのです。要するに、自分より目下（相対的弱者）がうまれたので、地位を悪用＝私物化した長老支配の腐敗部分を劣化コピーするようになるのだろうと、仮説を提起してみました。加齢による感性の鈍麻と権力の私物化への羞恥心・倫理性の摩滅という愚劣な心理メカニズムを「中年化」（オヤジ化＋オバサン化）となづけたのですが、われながら、まあまあのキャッチコピーだったとおもいます。

　このメカニズムは、わかものがウイルスに感染しても、すぐに発症しないことの方がおおい。むしろ、感染していたかどうかは、30代以降に組織内で昇進したとか、「中年男性」として社会的地位が確立したなどを機に発症することで、過去の感染が確認できるのではないかとかんがえています。だからこそ、発症を抑止できるかもしれないと。

6 実際には、政府や右翼勢力などは、これらの事実を意図的にふせるか、あきらかに否定するか矮小化して問題がないかのようにふるまってきました。何十年後かに、名誉回復とか自己批判などがおきるばあいもありますが、ずっとしらをきりとおすばあいも、すくなくありません。

7 デイミアン・トンプソン『依存症ビジネス──「廃人」製造社会の真実』(トンプソン 2014)

8 門倉貴史『貧困ビジネス』(かどくら 2009)

9 上野千鶴子『女ぎらい──ニッポンのミソジニー』が最大・最良の入門書かと (うえの 2018)。

10 日本人の大半がつごうよくわすれていますが、ほんの 75 年まえまでは、朝鮮半島や台湾、中国各地で、祖先たちが、欧米列強のヨーロッパ系の集団とにたりよったりのことをくりかえしていましたし、北海道・琉球列島・小笠原諸島では「現在進行形」というみかたも可能であることは、『コロニアルな列島ニッポン』(ましこ 2017)。

11 1937 年に発生した盧溝橋事件・通州事件以降くりかえされた大日本帝国陸軍のスローガンで「暴虐な支那 (中国) を懲らしめよ」の意。太平洋戦争中は「鬼畜米英、暴支膺懲」と転化。

12 ただ、物理的暴力をふるう男性がだいぶへったとはいえ、DV や虐待をふくめ、公私をとわず「密室」内では、大小無数の暴力・恫喝がはびこったままであることが、うかがわれることも事実です。また、露骨な暴力行使の有無はともかく、弱者をにげだせないように軟禁状態などにして支配し労働搾取することは、外国人研修生／実習生らが「奴隷」あつかいされているという告発で明白であり、いまだに「現在進行形」の暴力団的体質が日本人男性たちにはのこっています (すない 2019 ほか)。日本語能力がサバイバル上不充分だとか、在留資格に不安をかかえるとか、故国に多額の借金があるなど、何重にもハンディをかかえる社会的弱者は、「密室」で支配されても、なかなかにげだせないのです。安倍首相 (当時) のいう「美しい日本」というイメージとは正反対ですね。

13 なぜなら、長谷川さんご夫妻は、ときに、行動生態学／自然人類学／動物行動学などの専攻と紹介され、動物行動学は「同業」だからです。

14 慎重な科学者は、決定論的なものいいは科学的でないとしてさけるものですが、「社会生物学の勝利」といった表題に代表されるように、事実上「生物学的決定論」によってたつ専門家は実在し、その無自覚な政治性には批判がよせられています (もりた 2016)。

3章

社会的ウイルスの「暗躍」

：帰納的に「知的病原体」を推計する

本書冒頭でのべたように、筆者の提起する「社会的ウイルス」は物理的実体としてあるものではありません。その点でタンパク質と核酸という物質的実体をもっている遺伝子とは、具体性が全然ちがっています。

　しかし、物質的実体がみえなくても砂鉄が磁場にそって模様をえがくとか、静電気によって頭髪がひきあげられたり、ゆびさきに電気ショックを感じとれるように、たとえば視覚的に確認できないものであろうが、「なんらかの実体があると想定しないと、説明がつかない」という現実があるだろうと。

　以下、さまざまな攻撃性が確認できる事象を冷静に解析することで、帰納的に「知的病原体」を推定していきたいとおもいます。

3-1. 検証 1「性的被害者が、あたかも悪者であるかのようなバッシング現象」

　性的被害者はわかい女性にかぎりませんが[15]、標的の大多数はそうです。しかし、不可解な現実は、被害女性がしばしば加害者以上に社会的制裁をうけること、そういった社会的制裁が妥当なのだと擁護する議論がたえない点です。

　この古今東西かなり普遍的な、いまわしい現実は、性暴力の加害者の遍在という現実以上に奇妙かつ異様な構図です。

　第1に、被害女性は最大限てあついケアが必要なのに、逆に攻撃をうけてしまうという二重の悲劇にみまわれている理不尽。

　第2に、性暴力の被害が非常に少数しか告発されないという、そもそも性暴力犯罪が被害者の羞恥心につけこむという卑劣の極地にあるのに、加害者がわるびれないばかりか、それをかばおうとする

厚顔無恥な男権社会が現実としてむきだしになっていること。

　第3に、加害男性を性的に挑発していただとか、泥酔するなどスキがあったとか、あたかも加害男性が、わなにかけられたかのような、事実無根の責任転嫁さえくりかえされること。

　第4に、加害男性の相当数は、被害女性の親族ないし知人であり、いわゆる「とおり魔」による犯行は少数で、前項で浮上するような責任転嫁論が基本的にナンセンスであること。

　第5に、前々項との関連で、「女性にスキがあった」論でイメージされるのは、セックスワーカーとしての女性に対しては性暴力さえ自業自得論が伏在しているからで、特に貧困層への露骨な差別意識が露呈していること。

　第6に、中東など保守的なアラブ社会では、「一族のはじ」などといった、奇妙な家名意識がもたげて、長老的男性たちによる被害女性の撲殺など、殺人事件さえおきてきたこと（前述の第2項と通底）。

　第7に、いわゆる「従軍慰安婦」問題で浮上し、「#MeToo」運動などでも再現されたように、「なんで、いまごろむしかえすのか？」といった、あたかも性暴力被害がでっちあげであり、証拠などは皆無の誹謗中傷だ、といわんばかりの反論や被告擁護論がつよかったこと。

　以上のような現実から帰納される現実とは、加害者およびその支持者たちは、「（そんな卑劣な暴力など）なかった」という主張をくりかえし、「被害女性たちが、男性たちをおとしいれようとワナをしかけている」「冤罪事件の被害者をまもるためには、「うたがわしきは被告人の有利に」の推定無罪原則の遵守しかない」といった、

疑念と悪意にみちた意識のうずまくさまです。

　もちろん、「痴漢冤罪」をでっちあげて金銭をうばおうとしたり、洗脳による「捏造された記憶」を構築して賠償金をせしめようという詐欺・恐喝集団が少数ではあれ実在するので、むずかしい問題もあります。しかし、権力犯罪の加害者たちが、同様な論理で、いいのがれをくりかえし、警察や司法も被害者に冷酷だったという普遍的な構図をみれば、性暴力の告発の大半が冤罪事件だなどという「被害者意識」は、ウソか妄想のたぐいでしょう。あたかも、性暴力被害がごくわずかしか立件されない、つまり、大半の事例が「なきねいり」でおわってしまった過去をなつかしんでいるかのような、犯罪者天国幻想です。

　そして、もうひとつ問題提起したいのは、重大な事件・事故が、背景に軽微な事件・事故を相当数ひきおこす環境のもとで発生していたこと、さらにその背景には多数の「ヒヤリ・ハット」事例があったとする経験的モデルがあることです[16]。実は、「なきねいり」など表面化しなかった事例の実態にとどまらず、性暴力事件の背後には、未遂事件や、たまたま人がとおりがかったとか、空間の状況などから事件が発生せずにすんでいただけで、運がわるければなにかおきていた可能性が無数にありそうだと、おもわれます。女性のおおくは、こわいおもいを全然しないですんだわけではなく、「わざわざひとにいうことでもないし」などと、くちをつぐんでいたり、幸運にも助けられてわすれていたりしているだけではないでしょうか。

　以上をまとめてしまうと、うえにあげた7種の異様な現実は、まさに男性たちやその擁護派がかかえている「性暴力加害者にでっちあげられそうな社会」という被害妄想の産物だと推定できるとお

もいます。このことは、「セクハラ」がキーワードとして定着した1980年代末から30年以上たついまでも「セクハラって境界線がわからないから、こわくてなにもいえなくなる」といったセリフを中高年男性がくりかえしかたっていることとも符合します。かれらの主観は「被害者はむしろオトコ」であり、「女性たちや世論は、冤罪被害者につめたい」とおもいこんでいるのです。その際、セクハラ発言できずついた女性の心理などに配慮などがないことはもちろん、性暴力をうけた女性の苦痛・トラウマなどへの共感などはカケラもみられません。ひたすら「そんなこといったって」といった防衛心理だけが大脳を占領しているらしく、自分や知人が「加害者あつかい」される不安しか脳内をめぐらないようなのです。この知的・感性的鈍麻は実におそろしいといわねばなりません[17]。

では、こういった独善的で被害者がわへの想像力が完全に欠落した発想に終始する心理は、なにが原因でひきおこされているのでしょうか[18]。

そこで、これらの醜悪な心理のみなもととして推定できそうな知的病原体に、「男尊系ウイルス」という社会的ウイルスを仮想してみました（前掲『アタマとココロの健康のために』pp.21-25, pp.47-48, pp.77-83）。そしてフェミニズムなどジェンダー論が「ミソジニー（女性嫌悪＋女性蔑視）」などとよぶ心理や、中高年男性が社会・組織の主導権をにぎる、いわゆる長老支配・家父長制などとよばれてきた社会体質を、「男尊系ウイルス」の大量感染の結果なのだと主張したのです[19]。

「男尊系ウイルス」の支配メカニズムは、体力・耐久力にとむアスリート基準の青年を「軍団」的に組織することで成立すること（潜在的暴力による威圧と物理的制圧。ときに手段をえらばない急

襲部隊やマフィアが代表例)、その補完装置として大量の「男尊女子」(酒井順子)が再生産され男性原理組織をサポートすることで維持されるという説明仮説をたてました。

さらには、わかい男性が30代後半以降、社会的地位をあげて、指揮官などとして、わかものをリードできるたちばへと移行するころから、弱者に対する想像力をドンドンうしなって、戦力・資源を支配・収奪することしかかんがえないような存在となる普遍的傾向を「オヤジ化」となづけました[20]。

このような一連の仮説群は、もちろん簡単に立証することはできません。「実在する証拠をだせ」とせまられれば、たしかにこまります。しかしむしろ、こちらがわとしては、「男尊系ウイルスが存在しないこと」「そんな想定は、おもいすごし(被害妄想)だ」と、正々堂々証明してほしいわけです。

そうです。かれらは、みずからのアリバイを自己責任で立証する必要があります。なぜなら、一連の性暴力被害者にあびせかけられた、こころない卑劣なバッシングの事実。そこに、非常にわずかにしか自浄作用がはたらいていないらしい現実。勇気をもつ女性がふえ、はなしやすい環境がととのえば、もっともっと被害実態が大量に浮上しそうな状況。これらを改善するための実効性のある性教育の導入・充実……などについて、かれらは、すくなくとも充分な説明責任をはたしてこなかったのですから。こういった、なにからなにまで不充分すぎて無責任な「男尊」型社会について、「本当は、こんなにまともです」とか、「本当は、こういった自浄作用がすでに起動しています」といった具体的証拠があるのなら、いくらでも強調していいし、その広報活動の不充分さ自体を問題にすべきでしょう。

かりに「でっちあげによる痴漢冤罪被害者」が大量に実在すると
しましょう[21]。しかし、被疑者に適用される「推定無罪原則」とは
ちがい、以上のような「現代日本は男尊型社会でない」という主張
＝命題は、当事者自身が立証する責任があります。そういった立証
責任を全然はたせていないからこそ、さまざまな国際的統計で、日
本は女性差別がひどい国という、女性の社会的地位のランキング低
位国として、あらわれているのではないでしょうか。「日本は、女
性差別的空間として不当にも過小評価されている」という被害者意
識は、卒業しなければいけません。

　そして、これらの立証はおくとして、「謝罪拒否系ウイルス」と
「厚顔無恥ウイルス」、「忘却ウイルス」も発症させているのだとい
う疑惑も、つけくわえておきます。「自分はそんな卑劣なことはし
ていない（単なる「いきずり」や実際に恋愛関係だったんだ）」と
ずっといいつづける加害男性や、その擁護団は無数に発生してきた
のですから。

　また、従軍慰安婦問題について日本人の大半は、「（売春婦だった
のだから）あやまる必要などない」などといいつのり、あるいは
「（1965年の日韓共同宣言や「村山談話」「河野談話」などが過去に
ある以上）充分謝罪ずみだ」とおもいこんできたのです。

　したがって、これら歴史認識問題で嫌韓意識をもっているのなら、
日本人女性も「謝罪拒否系ウイルス」と「厚顔無恥ウイルス」を発
症させているのだと解釈可能です[22]。すくなくとも、韓国人女性た
ちのおおくは、そういった日本人女性を現代の帝国主義者の末裔と
とるはずです。それを「反日教育による洗脳のせい」などと蔑視・
反発するのなら、それこそ歴史認識をうんぬんするだけの歴史的素

養を欠落させていることになります。それでは、自覚のない無知・厚顔無恥と侮蔑されても、しかたがありません。

　嫌韓女性たちとは、高校入試や大学入試むけに終始し、歴史認識がブレないように土台がためをすることに重点をおかずにきた、戦後教育の無残な失敗作なのです。謝罪をこばむ日本男児たちが感染している「厚顔無恥ウイルス」「忘却ウイルス」「謝罪拒否系ウイルス」にみずからも感染し、かれらの発症を擁護してしまっている時点で、ミソジニーの内面化です。立派な男尊女子にそだてた点で、文科省は、ゆがんだ愛国心教育＝洗脳をほどこしたのです。

　「韓国の反日教育」といったネガティブキャンペーンをまにうけている点で、国際人としての素養をはなはだしく欠落させた、はずかしい存在（トランプ大統領などと同質の）なのだとかのじょたちが自覚できるのは、いつのことでしょうか。

3-2. 検証2「少数者が、あたかも悪者であるかのような バッシング現象」

　前項でとりあげた構図は、性暴力被害者への攻撃であるとかなど、女性差別にとどまりません。たとえば、近年ネットニュースなどでめだつ「ヘイトコメント」や、SNSで街頭に集結した右翼市民がデモで連呼する醜悪な「ヘイトスピーチ」とか、「嫌韓」意識などと同質な悪意がちまたには充満しています[23]。

　批判や文句、風刺などが、首相など権力者にぶつけられるのは健全な「表現の自由」とよべますが、フランスでの同時多発テロを誘発した雑誌社の風刺マンガ[24]など、権力者とはよべない人格や宗教的シンボルなどを標的にして、あえてうすぎたない皮肉を表現した

りする行為を、「かっこいいこと」「正義」などと錯覚しているケースは日本列島だけでなく、おおくの経済先進地域で発生してきました[25]。

　たとえば、「在日特権を許さない市民の会」（在特会）という、ありもしない「特権」をでっちあげては、異様に暴力的なメッセージを公道で連呼する「市民団体」があります。沖縄県民は米軍基地のおかげで「ゴネ得」していると信じてバッシングする集団もいます。「アイヌ民族なんて、いまはもういない」といった主張を展開して先住民族の主張を全否定し、権利回復のための法制化や助成金などを不当な権益だという政治家やマンガ家などもいます。

　かれら攻撃者はどうも《少数者がゆがんだ既得権により不当に優遇されることで、自分たちの納税分が乱用・浪費されているのがゆるせない》という論理で共通しているようです。しかし、少数者が具体的にどのような既得権益をかかえ、どのように不当な特権等を享受しているのか、説明できた例は管見ではみあたりません。

　たとえば、沖縄県民の平均所得が上位に位置したことは一度たりとなく、むしろ最下位にならない競争を他県とくりひろげてきた状況であるとか、在日コリアンが、孫正義氏のような成功者を沢山輩出するような特殊なコネを確保している様子など全然ないとかです（あげられるとしても、せいぜいパチンコ業界の利権ぐらいでしょうか。これにも実は日本人が大量に関与していますが）。

　「沖縄はまともな産業がそだっていないから、米軍基地と観光業しかたよるものがない。だから、米軍基地を集中させて助成金をわたしてきたし、観光立県ということでリゾートホテルなどで毎年カネをおとしてやっているのに、基地建設反対闘争とか、政府にたてついては、助成金の増額をねらっている。中国海軍の暗躍で沖縄も

あぶないのに、もはや反日工作員が大量にまぎれこんでいるらしい……」。沖縄バッシングに熱心な、いわゆる「ネット右翼」とか右翼文化人の議論を整理すると、こんな感じにまとめられるかとおもいます。

しかし、かれらの議論からスッポリぬけおちていて、まったくはじることがない歴史的経緯がたくさんあります。

第1に、沖縄島周辺を中心に、沖縄戦では、帝国陸海軍の「すていし＝本土決戦の時間かせぎ」にされて、人口の四分の一が犠牲・行方不明になったという経緯に対する共感がカケラもないこと。

第2に、沖縄戦後、国際法の常識からすれば、すぐに沖縄現地を解放し独立させるなり、日本へ編入させるなり、現地住民の意向を反映した民政移管が義務だったのに、占領軍は、ベトナム戦争での兵站基地などとして不当に利用しつづけるなど、国際法違反をつづけてきた経緯があるにもかかわらず、日米両政権への批判は絶対しないこと（右翼＝愛国者なら当然の責務のはず）。

第3に、民政移管ではじめて公選の県知事が誕生し民意を代表していたのに、1972年の施政権返還後も住民の民意である基地返還はまったく考慮されず、在日米軍基地の70％以上が国土中0.6％でしかない1県に集中したままという異様な偏在が放置され半世紀ちかくつづく差別的現実に、なんらコメントしないこと。

第4に、普天間飛行場の返還問題は1995年にはじまっているのに、まったく進展せず、あまっさえ責任転嫁として《辺野古などへの新基地建設を反対派＝親中反日分子が邪魔しているからだ》といった被害妄想的逆ギレをくりかえしていること。

第5に、性暴力をはじめとした凶悪事件がいまだに散発的に発生し（「なきねいり」による暗数分は不明）、爆音被害、民間居住地周

辺での離発着・空中給油訓練などによる頻繁な落下物の危険や墜落リスクなど、住民をくるしめる環境の劣悪さを、平然とみのがし、《米軍基地が新設されてから、近隣に住宅地をもとめるなど自業自得》といった、歴史的事実に反した誹謗中傷をくりかえしてきたこと。

第6に、もと防衛官僚（制服組）で防衛大臣についた人物が、沖縄に米軍基地が集中している地政学的根拠は全然ないと断言しているし、他方では在沖米軍関係者はそれを自覚していることについては、まったくふれないまま、中国脅威論＝在沖米軍必然論にしがみついてきたこと。

第7に、沖縄でさまざまな問題をおこしてきた海兵隊組織は、そもそも1950年代まで、静岡県と岐阜県に配備されていて、現地での反基地闘争の余波で沖縄に移動してきたという経緯[26]にはふれないこと（ついでにいえば、オスプレイなどが沖縄県外に配備されたりすると過剰に反応する一方で、沖縄に集中させたままでもいいかといった批判には、なぜか反応しない）。

めぼしい、いや、絶対におとしてはいけない以上の論点7個について、読者のみなさんが、ひとつでも不明な点があるとしたら、それは日本政府やNHKや『朝日新聞』など全国紙の責任です。右翼を中心に、NHKや『朝日新聞』は、基地反対派にくみしたような報道姿勢をとる、けしからんメディアだといった非難がしばしばあがり、たとえば「反日新聞」のようなイメージ[27]です。さらに最近では、『朝日新聞』以上に、『沖縄タイムス』『琉球新報』の2県紙は極左的だとして、はげしいバッシングをうけました。たとえば、作家の百田尚樹氏らによる「つぶさなあかん」発言などをあげておきましょう[28]。

こうした、名誉毀損どころか悪質な営業妨害でもある暴言が、ゆるされるはずがないのですが、これらヘイトスピーチ発言者は、妙に自信たっぷりで、かつネット右翼らの絶大な支持をうけて、まさに増長しているとしかおもえません。かれらの暴論が「表現の自由」とか「思想信条の自由」にはいるはずがないのです。2県紙とも権力者でなどない地域メディアであり、全国的には有力政治家や著名作家の発言の方がずっと影響力があるわけですから。当然、自分たちへの批判（それも客観的事実をふまえた妥当な批判）をヘイトスピーチよばわりし、印象操作で事実をねじまげようというのは、実に卑怯だとおもいます。

　近年では「沖縄ヘイト」とよばれるような、こういったヘイトスピーチ、そして「在特会」などがくりかえす、おもに在日コリアンへの攻撃性は、一体どこにみなもとがあるのでしょうか。以前『コロニアルな列島ニッポン』（ましこ2017）という植民地主義、特に沖縄島周辺に異様に米軍基地が集中しつづけてきた歴史的経緯を、日米両政府による二重の植民地支配と批判したときには、明確にはできていなかったのですが、いまなら「レイシズム系ウイルスとコロニアリズム系ウイルスの感染・発症者が日本列島には大量にいる。自覚の有無・濃淡で、個人差・集団差はおおきいが」と自信をもっていえます。攻撃をくわえつづけてきたことを反省・謝罪するどころか、批判に逆ギレして攻撃をやめないなどは、「謝罪拒否系ウイルス」と「厚顔無恥ウイルス」の典型的発症例でしょう。

　実際、在日コリアンや韓国・朝鮮へのバッシング、沖縄、特に基地建設反対運動へのバッシング、アイヌ民族へのバッシングの論調をみるかぎり、民族的少数者に対する蔑視と、過去・現在の植民地主義に対する独善的正当化・ひらきなおりと責任転嫁は明白です。

上記4種の知的病原体に感染してモンスター化したからこそ、あ
いった卑劣な侮辱をしてはじないのでしょう。社会的弱者に対する
非道を自己批判しないばかりでなく、過去と現状を美化していると
しかおもえない攻撃者たちは、今後も自己正当化をやめず、自分た
ちの既得権たる侮蔑・差別をくりかえしそうです。かれらの言動は
明白なヘイトスピーチであり、わかものなどに悪影響をあたえるリ
スク要因です。かれらを反面教師として、攻撃性をコピーしない次
世代を育成する義務が、われわれにはあります。

3-3. 検証 3「社会的弱者が自業自得で、あたかもあまえ ているかのようなバッシング現象」

前項・前々項でとりあげた構図は、女性や民族的少数者に対する
ゆがんだ攻撃性だけにとどまらず、社会的弱者へもむけられてい
ます。たとえば、いわゆる「障害者」や貧困層など[29]に対する、侮
蔑・攻撃です。

重要なのは、かれら社会的弱者に対して「(うまれついた条件な
のだから/そだちはかえられないのだから) 現状を甘受して出発点
にするほかない」「だれかのせいとか社会の責任とかでなく、よわ
さ自体が罪だ」……といった論理で現状を正当化しようという心
理・感覚です。したがって、社会的弱者がわから、疑念・異論・批
判などが提起されたり支援要請がだされても、「あまえている」「支
援無用」「意義なし」といった、拒否・門前ばらいがくりかえされ
ることになります。

つまり、弱者を社会が構造的に苦境においこんでいることは直視
せず、「自業自得」や「宿命」など、苦境のせめを当人たちにおわ

せるか、不可避の現実としてたえるほかないと冷酷につきはなす。このことによって、現状にいっさいの修正・変更をくわえる必要をみとめないことを確認しようという姿勢がみてとれます。

　この典型的な現象のひとつが、学校給食費未納問題についての文科省の姿勢や、それに加勢するような政治家・タレントの一部のバッシング的言動です。たとえば、「給食費未払いで滝川クリステル、長嶋一茂らが貧困を無視し「親のモラル」と糾弾！　バッシングを仕掛けたのは安倍首相と「親学」一派」（『LITERA（リテラ）』2019.12.28）[30] でした。そして、

　　　文科省による平成28年度「学校給食費の徴収状況に関する調査」の結果で、問題の未納の原因について調査した項目は「児童生徒毎の未納の主な原因についての学校の認識」というもの。ここではたしかに「保護者としての責任感や規範意識」が小学校で64.6％、中学で75.8％であるのに対し、「保護者の経済的な問題」は小学校で21.2％、中学で14.7％となっている。

と学校長などが未納問題を基本的に「保護者としての責任感や規範意識」に帰していることが報じられています。しかし、同記事が識者の指摘をつぎのように対比させていることをあわせてよめば、文科省自体が貧困問題を過小評価し、厚労省などと連携する意識がひくいことがすけてみえます。

　　　跡見学園女子大学の鳫咲子教授は〈文部科学省が発表したデータを確認すると「モラル」の問題と決めつけることには無理がある〉とし、こう言及している。

〈学校が保護者の生活水準を判断する材料は、「高い車に乗っている」「高級ブランド品を持っている」など見た目に限られる。見た目の判断だけで、その家庭の事情がすべてわかるわけではない。〉(共著『子どもの貧困と食格差』大月書店)

また、鳫教授はこの文科省調査では給食費の未納率が〈常に中学校の未納率が高い〉ことを指摘。〈中学生の保護者は小学校の保護者よりモラルが低いと考えるのは不自然であり、モラルの問題というより、中学校に入り子どもにかかる費用が増加したために、払えなくなった人が多くなったと考えるべきである〉とし、同時に〈実際にいわれているほど多くはないが、経済的な問題がないのに給食費が払われない場合には、ネグレクトなど他の問題のシグナルと考える必要がある〉と。

しかし、こういった義務教育の理念を矮小化し、学習権保障の第一の責任主体が政府・自治体等であることをわすれたかのような責任転嫁を、メディアは追及しませんでした。リベラル系で反政府的だと指弾されることがしばしばである『朝日』『毎日』といった媒体でさえ、よこならびで文科省の問題矮小化報告をたれながしたのです。

同調査がはじめて実施された2007年以降、調査結果をもとにして「給食費を払えるのに払ってない親がいる」「親のモラルが崩壊している」などという「給食費未納親バッシング」をメディアが繰り広げてきたのだ。調査結果がはじめて公表された2007年1月、新聞全国紙は社説でこんな見出しを掲げている。

「学校給食費「払えるのに払わない」無責任さ」(読売新聞2007

年1月26日)

「学校給食費「払わない」は親失格だ」（朝日新聞2007年1月28日）

「給食費未納が示すモラル崩壊」（日本経済新聞2007年1月28日）

「給食費滞納「払えても払わぬ」は通らぬ」（毎日新聞2007年1月26日）

「給食費未納　学校を軽んじてはならぬ」（産経新聞2007年1月26日）」

　一貫して政府に批判的な『LITERA（リテラ）』編集部ははげしく指弾しますが、母子家庭などの貧困は親自体の甲斐性（かいしょー）などに還元してはならず、貧困対策は政府・自治体の責務なのですから、給食費問題を責任転嫁するなという論調自体基本的に正論でしょう。

　この文科省による恣意的な調査がおこなわれたのが、第一次安倍政権下だったということだ。

　しかも、安倍首相が設置した「教育再生会議」は、この給食費未納問題を利用し、「親の教育が必要」だと主張。「親学」（おやがく）の義務付けへと結びつけようとしていたのだ。

　親学とは、本サイトでも繰り返し指摘しているとおり、日本会議の中心メンバーである高橋史朗氏が提唱する教育理論で、「児童の2次障害は幼児期の愛着の形成に起因する」などと主張するもの。教育の責任を親とくに母親だけに押し付け、"子どもを産んだら母親が傍にいて育てないと発達障害になる。だから仕事をせずに家にいろ"という科学的にはなんの根拠もないトンデモ理論だ。こんなものを「教育再生会議」は政府として推奨しようとしていた

のだが、そこで持ち出されたのが給食費未納問題だった。

　たとえば、提言をあつかっていた教育再生会議の第2分科会が2007年4月17日におこなった会議では、有識者メンバーだった義家弘介氏がこう述べている。

> 「給食費未納の問題では、給食を食育の授業時間と捉えるなど位置づけを明らかにすることが重要である。お金を払っている以上「いただきます」を言う必要はないと主張する親がいるのは疑問。連帯保証書をとる自治体もでるなど事態は深刻である。(中略) 義務教育を、国が義務を負う教育だと、はき違えている親がいるが、子供に教育を受けさせる親の義務である。親学研修の義務づけなど、思い切った提言を行いたい」
>
> (議事要旨より)

　子どもに教育を受けさせる義務は保護者だけではなく国・政府にもある。教育を受ける権利を保証するのは近代国家として当然の責務だし、その範囲の解釈は分かれるものの義務教育は無償と憲法にも定められている。給食を授業時間と捉えると言うなら、それこそ国が払うべきだろう。はき違えているのは、一体どちらなのか。……。

　かくして、政官財情そろって、就学に困難をきたしている児童の問題を保護者のせいにする論調がはびこるのは、ずっと以前からつづいてきたわけです。『LITERA（リテラ）』編集部がわざわざ歴史検証記事をふまえつつ、人気タレントを実名で指弾するニュース記事を配信したのは、これが過去の問題ではなく、現在進行中の社会的弱者バッシングだからでしょう。

　こどもの7分の1〜6分の1が貧困層にあり、特に母子家庭の過

半数が貧困層にあるといったデータがある以上、給食費未納問題を、一部のしはらい能力がある層のモラル低下に焦点化するのは、問題の本質の矮小化、いやスリカエです。それは貧困問題と学習権保障問題の最大の当事者である政府・自治体の責任転嫁でしょう。それをあおる政治家などは論外として、保守的で不勉強なタレントの暴言を公器でたれながさせて放置するメディアのディレクターやテレビ局幹部たちの無責任ぶりもゆるしがたい。バッシングを正当化し、政権の無策を擁護する御用メディアというそしりをまぬがれません。

　生活保護制度下、受給資格世帯の一部しか給付をうけていない現実（それにもかかわらず、自治体にとっては財政的負担としておもくのしかかる構造）。バッシングは、これらの問題の本質にはふれずに、不正受給などごく一部の逸脱行動に照準をあわせた波状攻撃に終始しました。

　たとえば、別生計の親族の扶養義務を自治体が当事者にせまって生活保護申請をやめさせるなどは違法行為なのに、それら「水際作戦」と俗称されてきた自治体の悪習に対しては攻撃者たちはふれず、実母が生活保護をうけているという報道で、「送金しない」お笑い芸人を散々たたいたりしました。攻撃者たちにとっては《生活保護の機能不全は上水道の漏水とにていて、せっかくの自分たちの納税分がみすみす不正に利用されている》といった感覚。《野生動物なら当然死滅するような存在に、むざむざ無意味な「支援」という死に金（たとえば依存症患者の酒代／ギャンブル代etc.）として浪費されては、かなわない》という剥奪感・収奪感なのでしょう。

　しかし、これらの憤懣のほとんどは被害妄想です[31]。税の用途として、もっと巨額で優先順位がたかい領域がたくさんあるはず。そこが視野にはいらず、よりによって弱者に責任転嫁するという、お

かしな構図が理解できずにいるだけです。

　最近だと、難病で筋力がほとんどない重度障害者が国会議員に当選したケースでも、そういった要支援者が議席をえて、国会の事務職員にケアされながら公務をこなすのは、おかしいといったバッシングもでて、批判をあびたことも、あげねばなりません。

　以上あげたこれらはみな、社会的弱者には不正・過失などないし、正々堂々権利要求して当然のことばかりです。したがって、これらをバッシングする言動は蛮行、無知・無責任がもたらす暴走でしかありません。それなのに、「政官財情」4極の各層は、厚顔無恥にもメディアやネット上でのバッシングを放置してきたわけです。

　これら理不尽な攻撃性（当人たちにとっては自明の正義感）という発症メカニズムのみなもとはなにかとさぐれば、そこには、社会的ウイルスが多数すけてみえます。

　支援が必要とされる存在をみごろしにさせたり、課題をさきおくりするなど責任放棄させる点で「ネグレクト系ウイルス」。給食費滞納者を罰しろなどといった短絡的な断罪は、独善的な勧善懲悪論なので「自業自得論ウイルス」。吃音など種々の障害、容姿など当人が気にしている点にツッコミをいれることで仲間あつかいをしているつもりなら、事実上嘲笑であり無自覚なイジメ＝サディズムなので「いじりウイルス」。貧困に対する大小種々の攻撃なら「階級差別ウイルス」の感染があるでしょう。

　米軍基地返還・新基地建設反対運動などには「沖縄をあまやかすな」という論理が再三くりかえされてきました。第三次産業に極端にかたよった産業構造は、米軍基地集中＝軍事植民地としての経済発展のユガミの結果であり、それは沖縄戦での破壊やそれ以前の明

治政権以来の植民地主義などの蓄積もみのがせません。当然、これらに起因する貧困問題はもちろん、前述したような米軍基地被害（軍用機演習や射撃訓練による爆音や危険、オフ中の兵士による凶悪犯罪など、種々のリスク）などは、みな正当なケア・サポートの必要な空間という現状認識をもたらします。その結果、自治体としての沖縄県の業務、そして2県紙の紙面における米軍基地問題の占有率、双方とも異様な水準にたどりつくわけです。この異様さにめをつぶり、しかも安保体制の捧げものであるかのように軍用地を日本政府の防衛施設局が確保しつづけたきた経緯こそ、「日本人による依存」そのものではないでしょうか。

　しかし、日本の保守派や右翼たちは、再三「沖縄をあまやかすな」と連呼します。あたかも「基地経済に住民が依存しているのに、日米政府にさからう、ふとどきもの」といった発想がすけてみえます。ここには、「レイシズム系ウイルス」および「コロニアリズム系ウイルス」を想起せざるをえないでしょう。政府が再三くりかえしてきた「じもとのご理解をいただけるよう説明に尽力する」という空念仏は、「（迷惑料としての）振興予算ならつごうをつける」という含意でしかありません。地元の保守派も、「基地が返還されない以上、迷惑料をもらう以外に次善の策はみあたらない」という無力感の産物として、基地経済依存をやめられずにいるだけなのですが、これに対して「あまえ」とか「正当な対価」といった解釈をする発想こそ、認知バイアスの産物というほかありません。「本土」対「沖縄島＋伊江島」では、基地面積集中度は、面積面でも人口面でも、いずれも数百倍なのですから（ましこ2017）。

　かれら攻撃者は、たとえば沖縄のシングルマザーたちの育児環境などに、同情のカケラさえ感じられずにいると推測できます。母子

家庭にさえ「あまやかすな」というセリフがくちをついてでてくる体質だとおもわれますから[32]。もちろん、かのじょたちの苦境をわかっていながら話題にのぼらせないなら、厚顔無恥で卑劣きわまりません。かりに無知でくちばしっているとしたら、それ自体度しがたい鈍感さ・無責任ぶりというほかないでしょう。「あまやかすな」などといった、天にツバする行為ができてしまう点で、現地情報についての熟知の有無など、関係なくなっているのです。熟知／無知いずれも厚顔無恥なのだから、従軍慰安婦問題と同様「厚顔無恥ウイルス」と「忘却ウイルス」の発症例というわけです。

3-4. 検証4「公権力をにぎる人物でさえ無罪推定原則によって保護され、100％責任があるとき以外、謝罪・自己批判等は不要とされる風潮」

前項までの、なんの責任もない人物・集団への卑劣なバッシングなどの攻撃性とは別個に、社会的弱者からの告発等を事実上拒絶するかたちでの、地味ながら悪質な攻撃的防御も無視できません。

特に警察・司法が、権力犯罪を解明・処断することなく政治的責任をごまかす「隠蔽・抑圧者＝共犯者」としてふるまったり（独裁体制や植民地では頻発）、不祥事が外部にもれないように隠蔽したり（民間企業や軍・警察・教育委員会など行政組織が監査＝自浄作用を停止する）、さまざまな不正・隠蔽工作がくりかえされてきたことは、よくしられた経験則といえます[33]。たとえばイギリスの歴史家ジョン・アクトン（1834-1902）ののこした有名な格言「権力は腐敗する傾向がある。絶対的権力は絶対的に腐敗する」[34]は、権力者の組織・財源等の私物化傾向だけではなく、不正・不祥事に対

する自浄作用の停止もカバーするものでしょう。

　すでにとりあげたセクハラ・性暴力など女性へのハラスメント・犯罪が膨大な暗数をかかえてきたり[35]、事案がもみけされてきたりした構造はこの典型例ですし、いくたの公害問題、基地被害なども、「不祥事など、なかった」ですませる抑圧構造の具体例です。その際、権力的ピラミッド構造を形成する官僚制の指揮系統はくりかえし悪用されてきたし、警察・司法など不正の発見・是正による秩序維持装置も自浄作用ではなく、その私物化（隠蔽工作）がくりかえされてきたわけです。

　自覚はないでしょうが、長時間の拘束によって「聴取」という名の美化された精神的リンチをくわえることで警察にとって好都合なシナリオへと被疑者をおいこむなど冤罪の温床を多数うみだした体質、メンツ維持など組織による私物化などがすけてみえます。そこには、暴力やそれを背景にした恐喝など心理的圧迫で劣位者を支配させるマフィア的暴力性がみてとれますから、「男尊系ウイルス」も当然関与しているでしょう。

　講談の「水戸黄門漫遊記」などに代表される「権力による自浄作用」神話は、現実には機能しない権力装置を願望によって美化したものでしょう。それは現実が腐敗しているという実態への失望が反転した民衆心理の産物とおもわれます。実際、現代のドラマやハリウッド映画など勧善懲悪ものに、マンネリズム（定番）として反復されつづけています。汚職をふくめた種々の私物化や内部告発つぶしなど、実社会の腐敗度・不正ぶりへの失望感が閉塞感として支配しているからこそ、その反動として、フィクションに美化された願望が結実してきたのでしょう。

　では、以上のような不正・腐敗の隠蔽工作は、どのようなメカニ

ズムで維持されてきたのか？　組織や親族などの不祥事を、自身の
リスクとしてパニックになり、公正／公平性／科学性などを平気で
無視し、犠牲になる人物等をみごろしにさせる社会的ウイルスとし
ての「保身ウイルス」の存在をうたがうしかありません。大衆や部
下など劣位にある存在がかかえる迷惑感／鬱屈した不満などを無視
し、独善性を維持させる社会的ウイルスとしての「厚顔無恥ウイル
ス」も当然感染していることでしょう。もちろん、ここには、非が
ある現実を無視し謝罪を徹底的にこばませる社会的ウイルスとして、
「謝罪拒否系ウイルス」は絶対かかわっているはずです。また、蓄
財を自己目的化した行動を追求させ、関係者／利用者などの犠牲に
対して鈍感にさせるケースが頻発している以上、「拝金ウイルス」
が介在していることも大多数でしょう。ことは、名誉・メンツなど
にとどまるはずがないからです。

　いずれにせよ、「李下に冠を正さず」という格言があるにもかか
わらず、権力犯罪の嫌疑のかかった有力者たちのほとんどは「ぬれ
ぎぬ」「誤解」を主張します。そもそも「推定無罪」原則は、刑事
被告人が、冤罪をふくめて権力と大衆による集団リンチにあう危険
性を最小限におさえるための経験則からみちびかれたものです。そ
れこそ権力犯罪という暴走を抑止する原則だったわけです。しかし、
現代社会の権力者たちは、これを悪用し、あたかも自分たちが被害
者であるかのようなポーズをとって、嫌疑をにげおおせると錯覚し
ているのです。

　「李下に冠を正さず」という禁欲的な権力観にのっとるなら、嫌
疑がかかるような事態自体を徹底的にさけるだけでなく、嫌疑が全
部はれるまで権力にしがみつくような醜態はさらさず、いさぎよく
ポストをあけわたせばいいわけです。しかし、権力者のほとんどは

正反対の行動をとりたがります。おそらく「厚顔無恥ウイルス」にはげしく毒されているからでしょう。羞恥心が自省／自制をもたらしていないからです。かれらが辞職するなどにいたるのは、「到底もちこたえられない」という不利な情勢になったばあいだけです。それは、まるで初日から8連敗して負け越すことで引退をはじめて決断する、羞恥心0の横綱のようなものでしょう。客観的に絶体絶命をつきつけられるまで、自身の正当性にしがみつくわけですから。

　そして、かれらの厚顔無恥さ＝自浄作用の欠落ぶりは、司法制度での原告がわ住民などがかかえる被害感情や消耗感などについての想像力の欠如にも、象徴的にあらわれています。冤罪事件や公害事件・薬害事件等の被害者であるとか、性暴力をはじめとする犯罪被害者などがかかえる人生の損失、名誉毀損などについての度しがたい鈍感さ、共感力の欠落こそが、かれらの往生際のわるさです。

　それに露骨に加担してきたのが、残念ながら警察・検察・裁判所等のエリートたちだったのですから、被害者たちの絶望感のふかさは、想像を絶するものといえるはずです[36]。かれらには、なぜ弱者たちが、権力をあいてに勝機のみいだせない裁判闘争などにうってでるのかが、絶対理解できていないでしょう（できていてなお、うけてたっているなら、倫理的に最低です）。徹底的に謝罪や賠償をこばむ姿勢が、原告たちの人生の浪費、尊厳の全否定を意味していることにも気づかないほど感覚麻痺をきたしているとしか、いいようがありません。なぜなら「責任などない」と、対話を拒否している姿勢自体が、原告がわ住民の主張を全否定していることになるからです（すくなくとも裁判での弁護士などの立論にそうかぎり）。

3-5. 検証5「弱者がよりどころとする思潮を反社会的ときめつける体制・風潮」

　前項との関連性で、権力者やマジョリティが無自覚に発揮する暴力性としてみのがせないのが、ナチズム／治安維持法／反共主義体制下での思想的弾圧などにみられる摘発・粛清、そこで最大限活用された密告などの監視体制です。

　これら独裁・準独裁体制が敵視したコミュニズムは、武力による政権打倒を計画するなど、物騒な左翼思想ではありました（テロリズム等の物理的暴力の当然視）。しかし、コミュニストをとりしまろうとした政治権力の姿勢が、正当な体制維持のための正当防衛的弾圧だったのかといえば、それはあきらかにちがいます。ナチス／特高（特別高等警察）支配／開発独裁は、政府権力自体、積極的なテロ国家であり、米国でのマッカーシズムも集団ヒステリーをかかえた政敵への政治的リンチです。そもそも武装蜂起による政府転覆などをくわだてない自由主義者さえ、共産主義者シンパなどとして弾圧したし、特高による小林多喜二（1903-1933）の虐殺事件など官憲による恐怖支配政治が明白だったのですから。

　同様のことは、旧ソ連や中国共産党／朝鮮労働党など社会主義体制下でも、強制収容所での思想改造など、それこそオーウェルの『1984年』そのものの思想的抹殺が自明視されてきました。旧ソ連および東欧以外ではいまなお独裁的な社会主義体制が維持されているのですから、70年以上の暗黒時代が継続中といってさしつかえないでしょう。

　重要なのは、これら独裁・準独裁体制が自派による弾圧・人権侵害（テロリズムとリンチ）を合法的な権力行使だといいつのり、他

方政府批判などは軽微なものであっても反体制的で危険思想だといって、はじなかった点です。そもそも、政府批判がくりかえされるには、当然の政治経済上の深刻な矛盾が認識されてきた歴史的経緯があったわけで、批判を暴力や法律をもって封ずる正当性自体がなかったはずですが、そんなことは決してみとめません。これらはずべき二重の基準の乱用は、「アンチ思想的多様性系ウイルス」および「独善的潔癖症ウイルス」の発症例であり、「厚顔無恥ウイルス」もからんでいるはずです。

政治的指導者を神格化し、絶対的存在としてうたがわない国民だけの政治的共同体をおいもとめるからこそ、批判勢力はすべて危険分子としてしか位置づけられず、その「粛清」は体制維持のための不可欠な「正常化」作用だと、あたかも抗原抗体反応、ないし抗がん剤治療や外科手術のように意味づけられてきたわけです。

ことが独裁・準独裁体制だけにとどまらない点も重要です。現代日本でも、首相の街頭演説に対する市民のヤジが、言論に対する不当な介入だといった論理で警察官にとりおさえられるとか、米軍基地新設工事に反対する市民に暴力がくわえられるという事態が恒常化しています。辺野古反対派住民に対する機動隊員による「土人」発言に対しても決して謝罪せず、「差別意識はみとめらない」等擁護する官邸や府知事まで登場するなど[37]、「謝罪拒否系ウイルス」も確認できるでしょう。

かれらは、一貫して、政府など官憲の職務執行は合法で、担当者は善意と正義感でうごいていると主張しているわけで、まさに自己批判精神が欠落した独善的姿勢に終始しているというほかありません。「アンチ思想的多様性系ウイルス」および「独善的潔癖症ウイルス」が介在していないという仮定は、非現実的です。

3-6. 検証6「政治経済的権力によるプロジェクト等は無謬で批判は非合理との独善」

　前項との関連性で、《政府・自治体や、大企業などが発案・実行したプロジェクト等には基本的に誤謬などなく、住民は安全安心が保障されているのだから、そこへの異議申し立てのほとんどは非科学ないしは反体制的な危険な策動だ》といった独善もくりかえされてきました。ふるくは足尾鉱毒事件であるとか水俣病など深刻な公害・公害病事件、スモンなど薬害事件、三里塚闘争など強制収容問題がかぞえられ、近年なら原発銀座での恒常的事故をあげるべきでしょう。ごく最近暴露された例としては、小中学校の運動会での「組み体操」事故などがあげられます (うちだ2015)。

　政府や自治体や大企業は、住民・生徒などの安全安心をうたってきましたが、事故・事件化したことで露呈したのは、構造的な無責任体制と、それを補完してきた技術者・大学人たちの御用学問の実態でした。これらは、独善的な科学観／正義感などから、犠牲者／受苦圏などを視野から除外させ、大局的／長期的な合理性を無視した技術開発／制度設計などを正当化してきたわけで、まさに「マッドサイエンティスト系ウイルス」というほかありません。近年における最大の汚点が、東日本大震災での東京電力福島第一原発事故であることは、いうまでもないことですが、日本列島をおおった最大の惨劇は、第二次世界大戦への突入です。

　これら、国家権力や大企業がしでかした巨大な失態＝無責任は、国民の大多数を洗脳し思考停止においこんできた体制の構造的産物で、それこそ異論をゆるさない点で、「アンチ思想的多様性系ウイルス」「独善的潔癖症ウイルス」「同化ウイルス」などの発症例[38]です。

謝罪したふりで本質的欠陥にはふれずに責任を隠蔽し自己批判・本質的謝罪をこばんだ経緯をかんがえるならば、「謝罪拒否系ウイルス」「厚顔無恥ウイルス」「保身ウイルス」などが発症したケースといえそうです。

つまり、深刻な大事故や公害・薬害など、技術者・科学者がらみの歴史的事件は、自然科学・生命科学などが動員された暴走・破綻であり、あやまった科学主義＝実質的な非科学性の露呈です。同時に、法律や学校・メディアをとおした支配・洗脳がかならずともなった体制の産物です。政府や大企業がかかえている巨大リスクという、無責任体制・洗脳システムの複合体という意味で、法律職・行政職・経済職として採用されたキャリア官僚が、「扇の要」をになう作文(霞ヶ関文学[39]／東大話法[40])をくりかえしてきたことの産物であることは、みのがせません。「マッドサイエンティスト系ウイルス」が巨大な暴走をみせる基盤として、技官・大学人などによる科学主義の暴走（御用科学）だけでなく、そこに予算を投入し国民を欺瞞して共犯者へとまきこむ「作文」が不可欠だと。

たとえば、原発業界の異常さについては、反原発運動をはじめとして、たくさんの批判がくりかえされており、原発の安全性・効率性を疑問視する理論的蓄積もありました。しかし、原発という技術システム全体が、地震大国・津波被害などでとても安全性は確保できるはずがない、という正論がメジャーな媒体でめだつようになったのは2011年の東日本大震災以降でした。以前はそういった問題提起を正面きってもちだすことは、完全な反体制的姿勢であり、政府にたてつく異様な人物であるかのような印象操作や無視がくりかえされていたのです。

しかも、2011年以降、何年も原発の稼働がとまった運用実態下

でも電力不足などが発生しなかったにもかかわらず、「発電しないと大変なことになる」「原発が危険だという原告がわの主張に科学的根拠はない」といった断定が裁判所でくりかえされ、原発再稼働がどんどんはじまりました。経済的には採算が全然あわないので、政府による助成措置がなければもたないという、電力業界幹部や発電機メーカーなどのホンネがありつつも、原子力工学・地震学等のしろうとである判事によって、安全性が確保ができないままの再稼働をみとめる判決文が再三かかれてきたのです。

　司法にかぎらず、記述式問題や英語業者試験の導入をみおくった文科省の無責任ぶり[41]と同質の無責任を経産省ほか各省庁もつづけているはずです。だから、省益や業界の利害でガチガチにかためられた「原子力ムラ」は崩壊せずに稼働中なのです。

3-7. 検証7「オトナは未成年者をしつける権限があるという、支配の合理化」

　これまでに、学校教育やその一種である部活動などは、一種の「調教」行為であり、その相当部分は単なる支配＝権力行使で、生徒本位ではない。同様のことは、幼児虐待などを頻発させてきた育児でもいえると、筆者は指摘してきました[42]。「ブラック校則」といった、教育社会学周辺からの批判も浮上したように、教員や保護者、そして政府・自治体の関係者は、未成年者が未熟であることをもって、成人による「指導」を善導なのだと断定し、実質的な支配を合理化＝正当化してきました。

　しかし、教員や保護者たちの「指導」の相当部分には非科学性がまとわりつき、オトナたちのおもいこみで、単にカタにハメている

だけで、本質的には、家畜・ペットなどに対する「しつけ／調教／稽古（サーカスや猿軍団など）」と同形の支配でしかない実態が遍在しています。

その暴走形が、「指導死」など、部員の自死事件であるとか、教員・コーチらによる暴行・傷害・セクハラ事件や、パワハラなど、あるいは保護者たちによる虐待死として噴出してきたわけです。これらは、性暴力やセクハラ・パワハラなどと同様、膨大な暗数がひそんでいるとおもわれ、たたくなどの折檻を懲戒行為として禁じられると指導・育児ができない、といった関係者の「悲鳴」として、これも多数噴出しているわけです。暴力や侮辱などをもちいないと、指導／育児ができないという、指導力・育児環境の欠落が、オトナにとわれているのですが、関係者の大半は、暴力依存を深刻に自省／自制するよりは、「どうしたらいいんだ」と、逆ギレ気味なわけです。

これら暴力・支配の合理化＝正当化には「調教系ウイルス」「男尊系ウイルス」の症状があきらかにみてとれるし、ほかにも、「善」とみなされる価値基準にあわせるようしいる点で「同化ウイルス」などは、最低影響していると推測できます[43]。

かれら加害者には、「自分は未成年者によかれとおもって指導した」という独善的な自己正当化が共通し、事態の展開を、不運な事故だの偶然の連鎖などと、つごうよく合理化しようとします。「きびしさ＝教育愛」という、スパルタ指導神話にしがみついて、自身の暴力性を直視できず、しばしば責任転嫁さえします。生徒や実子などの反抗がわるい、といった逆ギレです。

こまったことは、保護者の一部がスパルタ指導にともなう暴力・暴言を、教育愛と錯覚し、「もっときびしくおねがいします」だとか、

「あの先生の指導力はたしかなので、偶発的に発生した事故で指導からはずれるのは重大な損失」といった、暴走の擁護をはじめる点です。虐待死事件などで、「減刑嘆願書」などが、被害者周辺の生徒の保護者からだされるとか、パワハラで一旦退任したコーチなどが、なにごともなかったかのようにポストに復活する、ないし他校で指導といったこともマレではありません。

3-8. 検証8「みんなおなじ幻想1：おなじ国民」

さきに少数者をわるものにしたてあげるバッシングをとりあげましたが、そういった排除・攻撃とは逆方向の、一見めだたない攻撃性もあげないといけません。それは、少数者を多数者がのみこんでしまう「同化吸収」とよばれるメカニズムです。

北米大陸で先住者が祖先たちの言語を日常つかうことが皆無であるとか、北海道でアイヌ民族が日常会話をアイヌ語でかわさないように、先住者たちのほとんどは、在来文化を日常から排除した生活をおくるようになりました。これらの変容は、日本列島の多数派住民が、日常生活の欧米化によって、キモノばなれしたといった社会変動とは異質です[44]。

なぜなら、日本列島の多数派住民の一部は、茶道・華道など家元制度の関係者や大相撲力士のように日常的にキモノすがたですごすなどが別に異端視されないように、文化継承が充分周囲から尊重されているからです。能楽・狂言・歌舞伎などのように、過去の日本語文化を代表して継承していると位置づけられている文化エリートさえいます。

他方少数言語話者は、危機言語として保護政策の対象となる水準

まで劣勢においこまれました[45]。シカ猟やサケ漁などを生業として
つづけることを違法とされたなど生活文化も完全に否定され、生活
圏を破壊されるなどもコミュニティー維持のためには致命的でした。
要するに、圧倒的多数である和人に生活圏を完全包囲され、伝統文
化をも事実上全否定されたのです。アイヌ語も学校で事実上使用禁
止されたなど、古典日本語の継承などと正反対の抑圧をうけました。
食品が栄養分としてとりこまれる過程は「消化吸収」とよばれます
が、先住者など少数者が周囲の大集団に包囲されて生活文化を放棄
する過程は「同化吸収」とよばれることになります[46]。

　オーストラリア政府が先住者のこどもを保護者からきりはなし
て、欧州系入植者の里親家庭で英語づけ生活をしくんだことなどで
わかるように、多数派は、わるぎなく「同化吸収」をくりかえし
ました。アイヌ語学者の金田一京助（1882–1971）は、当事者にむ
かって、アイヌ語は自分たちが記述・保存してあげるから、きみた
ちは全部わすれて、日本語をしっかりみにつけて日本人になるよう
に、といった説教をしたといわれています。この悪意なき同化吸収
こそ、入植者たちの植民地主義・帝国主義なのですが、その暴力性
など、もちろん自覚がありません。「みんなおなじ日本人（戦前なら、
帝国臣民）」という善意から少数者の文化を否定してしまう、この
姿勢の原因は「同化ウイルス」と推測できそうです。

　ちなみに、この「みんなおなじ日本人」圧力は、民族的少数者に
だけかかる心理的圧迫ではない点にも注意が必要です。日本の小中
高校では、入学式・卒業式など学校行事での日の丸掲揚や君が代斉
唱が法制化されていることをもって、それにしたがわない教員や生
徒は違法行為とみなして当然とおもわれています。在日コリアンな
どのばあい、これにしたがいたくない層が相当数いそうなので、こ

ういった法制自体が露骨な同化圧力だとおもわれます。

　在日以外でも、日の丸掲揚や君が代斉唱をイヤだと感じる少数派が確実にいます。戦前の帝国臣民全員が天皇を神格化していなかったのとおなじで、それは、国歌「ラ・マルセイエーズ」の歌詞が野蛮だからと斉唱参加を拒否したサッカー・フランス代表（アルジェリア系フランス人）がいたのと同形です。それでも愛国者であるという姿勢は、矛盾でもなんでもありません。

　「国益をそこなう行為は反国家的だ」といった恫喝（どーかつ）にも同様の問題があります。イラクなど中東の紛争地域で取材活動をおこない武装グループに拘束されたジャーナリストに対して、「身代金など取引を要求する犯人にとらえられ人質になるなどは反国家的だ（危険地帯にわざわざ取材にでむく行為自体、政府の活動を妨害する姿勢だ）」といった非難が多数あがりました。これなども、政府の方針に従順でない者は国民ではないという、まるで独裁国家のような自由主義・民主主義の否定です。

　現体制への批判は健全な自由主義・民主主義の産物です。それがあたかも体制への反逆であるかのような恫喝自体、ファシズムなど独裁体制の再現をゆめみる反動＝アナクロニズムなのですが、教育関係者や右派たちには、その自覚がありません。

　これら反動は、おそらく「学校や国家という支配体制は無矛盾でなければならない」という幻想の産物です。体制批判という健全な姿勢自体を「（企業犯罪の内部告発など）みうちのはじさらし」とか「売国奴」とみなすムラ的発想のとりこなのです。「愛校（愛社）精神があれば通報／告発などできるはずがない」といった発想自体、実は反社会的なのです。そこには倫理的な自浄作用が停止した隠蔽体質・犯罪体質がみてとれます。あたかもガン細胞のようなあつか

いで排除抑圧しようという組織は多数あり、むしろ自浄作用が健全に機能する組織の方が少数派かもしれません。おそらく「アンチ思想的多様性系ウイルス」および「独善的潔癖症ウイルス」と、「厚顔無恥ウイルス」および「保身ウイルス」なども連動していることでしょう。

3-9. 検証9「みんなおなじ幻想2：よのなかはオトコとオンナしかいない」

　一見めだたない攻撃性として、前項では、少数者を多数者がのみこんでしまう「同化吸収」とよばれるメカニズムの具体例として先住民族等をとりあげましたが、ジェンダー関連の現実もあげないといけません。それは性的少数者への同化圧力／差別です。

　たとえば、天才的数学者としてドイツ帝国軍の暗号を解読し、ノイマン型コンピューターの方向性を予言したアラン・チューリング（1912-1954）は、同性愛者であることを当時の英国政権によって違法とされ、「治療」から自身を解放するために自死をえらびました。男性同性愛が精神病の一種であり、服薬によって治療可能であるという、現在ではマッドサイエンティストによる非科学的妄想と断定してよい処置ですが、英国などでもほんの数十年まえまで、性的少数者への無理解が支配的でした。

　そもそも、旧約聖書などで自明視されてきた、異性愛男性と異性愛女性だけの生殖目的の性行為だけを正常と位置づける人間観は非現実的です。セクシュアリティのうち性的指向としての同性愛者・両性愛者・無性愛者は古今東西普遍的に存在しつづけてきました。ジェンダー・アイデンティティとしても南アジアのヒジュラー（第

3の性）や、「性別違和」（gender dysphoria; 過去には「性同一性障害」と訳されていた[47]）など、「社会は男女で構成されている」という世界観自体に欠落（重大な欠陥）があることを立証する事例を、たくさんあげることもできます。

このような、多様な性的実態＝現実を直視しない人間観は、男性異性愛者と女性異性愛者だけの世界を自明視し、その世界観におさまらない無数の性的少数者に「正常な男女」といった性規範をしいるわけです。法的な結婚制度をふくめて、生殖目的の異性愛を自明視した人間観は、典型的な「同化ウイルス」の発症例といえそうです。単に、感染者が人口の圧倒的多数をしめていたので、発症が病理現象なのだと認識されていなかっただけなのです。それは「男尊系ウイルス」の発症が実は病理現象なのだと認識されていなかったのと同形です[48]。

これら異性愛者を自明視した男女観、あるいは伝統的な結婚観の一部としての、性別役割分業＝規範としての集金業務／家事育児イメージは、男女各人の個別性としばしば衝突・矛盾しがちです。それは、しばしば女性を不妊治療へとおいこんだり（それは、身体的・経済的・心理的に非常に負担になる）、男性に対しても、充分な経済力や精子などを確保できないばあい、窮地におとしいれたりもします。これら男女のおおくを拘束してきた規範意識も「同化ウイルス」の産物でしょう。

ジェンダー論・男性学・クィアスタディーズなどをふくめた広義の社会学は、ジェンダー・セクシュアリティーのきわめて保守的な体質を記述してきた[49]と同時に、それらが動物行動学的に合理化できるようなものではなく、単なる共同幻想の産物でしかないこと、ジェンダー・セクシュアリティーの実態は非常に多様で、性的少数

者が無数に遍在することを再三確認・指摘してきました。

3-10. 検証 10「周囲の空気をよんであわせることを自然 とうたがわない心理」

　前項・前々項とは全然ことなるメカニズムで「同化ウイルス」が発症するケースも無視できません。それは、善なる価値基準や優位集団の文化／心身にあわせようとコピーをしいる「同化主義」志向とことなり、周囲の「空気」に意にそわなくても同調させる圧力の領域です。「空気」を敏感によめずに、「なみかぜ」をたててしまうことを極度にきらう風潮は、やはり「同化ウイルス」の産物とかんがえられます[50]。

　「原発なし／米軍基地なしの日本列島はありえないと、いわれているのだから、……」「ジャニーズがテレビをリードしているのだから、……[51]」「桜を見る会とか、加計学園問題とか、国民にとって重要にみえない話題なのだから、……[52]」「韓国や中国が反日的なのだから、……」といった、多数派だろう意見に異議をだすのが、ためらわれる空気。欧米社会だったら、「各人の意見をしっかりもって主張するのが大事」と個性が重視されるのに、まわりの多数派の意見の方向性を敏感にみきって多数派につくこと、異論をだして雰囲気を台なしにすることだけは絶対回避、……といった、自分たちが少数派にまわることを必死にさけるためにだけ、アンテナをたてて、周囲をキョロキョロしながら、よわたりすることになります。自身のリスクを最小限にするためには公正／公平性や科学性などを平気で無視し、そこで犠牲になる人物等をみごろしにさせる「保身ウイルス」もからんでくることでしょう。

多数派に属しているかぎり、攻撃されるリスクはきわめてすくないことは、福島第一原発事故発生以前の原発の位置づけをふりかえれば、明白です。危険性を主張する正論展開派の方が異端視されていたのは、異端審問にかけられたガリレオ・ガリレイ（1564 −1642）と同質です。もちろん、異端審問がひらかれていた時代は、異端的な危険思想をゆるさない、「アンチ思想的多様性系ウイルス」が広域を支配していたわけですが、戦前の日本や現在の中朝両国など大差ない空間はかなり広大です。

したがって、社会心理学などが実験で確認してきた集団内での同化圧力などにとどまらず、圧倒的な政治経済権力の支配的空間のもとでは、異論＝異端として危険分子あつかいをうけるし、そこまで窒息しそうな空間ではなく、タテマエでは自由な空間でも、「空気をしっかりよめ」空間は、無数に点在しているとかんがえるべきでしょう[53]。

また、つぎのような指摘は、民主主義制度にとって非常に深刻な問題でしょう。

> 野党への支持率が絶望的に低い。特に若者世代ではその傾向が顕著だ。そうした「野党ぎらい」の背景には、若者世代が「コミュ力」を重視している事実があるのではないか。コミュ力を大切にし、波風の立たない関係を優先していれば、当然、野党の行う批判や対立を作り出す姿勢は、嫌悪の対象となる。摩擦のない優しい関係が社会に広がるなか、野党の置かれた立場は難しいものになっている。〔中略〕
>
> 「コミュ力」が高いとされるのは「野党」にならないように振舞うことができる人のことであり、会話の中で地雷を踏むことにビ

クビクしている人は「野党」の役回りに追い込まれることを全力で避けようとする。[54]

3-11. 検証 11「加齢などでの変化を忌避するのは本能的で自然とうたがわない心理」

前項まであげてきた、おもには他者への攻撃性、あるいは攻撃性の正当化という発症とはちがった現象もあげる必要がありそうです。

そのひとつが、「キレイでいたい」「キレイでいなければ、いきている価値がない」といった規範意識です。これについては、加齢にともなう容姿／体力の劣化やインペアメントの増加を忌避させる社会的ウイルスとして「アンチエイジング系ウイルス」として紹介した知的病原体の発症だとかんがえています。

たとえば、女性の一部がはしる「詐欺メイク」や「美容外科手術」など、身体改造や「盛り」とよばれる行動群が典型例ですが、多数の現実をあげる必要があります。たとえば高齢者を差別する「エイジズム」や、障害者差別、単純血腫など容姿に強烈な印象をもたらす「見た目問題」、「ダイエット症候群」ともよばれる摂食障害周辺の諸問題や「身体醜形障害」、女性芸能人を酷評する「劣化」とか男性芸人などの「うすげ」を嘲笑するなど、一般には「みため至上主義（lookism）」と総称される意識のもたらす無数の現象群をあげることができるでしょう。

オトナの女性として完成にちかづくプロセス自体が、選手生命の終焉をつげることがすくなくないフィギュアスケートや陸上競技。BMI＜18.5のばあいには、ファッションショーに登場できないとする規約を設定せざるをえなかったファッション業界の実態。しか

し、ことはエリートたちの体形・体重管理の問題にかぎりません。

外見に全然関係のないはずの職種でさえ、「こぶとり」とうけとめられると採用試験で不利になるなど人事採用担当者の外見差別があきらかに立証されたとか、お見合いで有利にことをすすめようと、母子そろって美容外科手術をうけ、のちに、コドモが全然にていないと、訴訟問題が夫がわから提起されたり、いわゆる「エロティック・キャピタル」と総称される、外見的スペックの大小・優劣が、ひとびとの人生におおきな影をおとしてきたのです。

結婚市場において男性の経済力と女性のわかさなど容姿が交換されているとか、芸能界や水商売など外見至上主義が自明視された業界以外でも、就活整形といったキャンペーンが展開されるとか、「長時間かけるナチュラルメイク」といった自助努力の次元とは異質な「エロティック・キャピタル」への資本投下が進行中なのです。

この延長線上には、「美魔女」ブームなど年齢不詳を理想とする加齢拒否の風潮が勃興しました。たとえば、50代でなおプロの現役サッカー選手である三浦知良氏をイメージ・キャラクターにすえる男性エステが登場するなど、アンチエイジング志向のたかまりは、女性にかぎられない風潮といえます。

パラリンピックを称揚する風潮も、単純に東京オリンピック・パラリンピックへのふんいきのもりあがりというよりは、高齢者≒障害者＝「劣化」イメージというネガティブな感覚が大衆化したからだと、うたがわれます。市民マラソンの参加者や中高年登山者の急増なども、厚労省等の健康キャンペーンが功を奏したとよろこんでいいものなのか微妙な気がします。なぜなら、それは、男女とも30歳前後の外見や身体能力を死去直前まで維持したいといった、準青年期の永続志向とよべそうな風潮とおもえるからです[55]。連載

開始半世紀以上加齢をみせない正体不明の超A級スナイパー「ゴルゴ13」[56]など、何十年にもわたってこうした「非実在中年」を理想視してきた男性たちの感覚を、単純に嘲笑できそうにありません。

　ちなみに、「アンチエイジング系ウイルス」の本質（理念型）を定義した箇所で、「年齢差を度外視した性愛などに執着する症状を呈することも」という指摘をつけくわえておきました。これは、中高年男性で「男尊系ウイルス」に感染した層なら、15歳以上など、おやこにちかいような世代差をこえて愛人関係だったり、セックスフレンドをもつことを当然視する性的嗜好です。ふるくは『源氏物語』の「光の君」がロリコン[57]であるとか、近年なら酒井順子さんが『負け犬の遠吠え』（さかい2003）で指摘した「ジョヒ夫」（下方婚指向[58]）などが代表例でしょう。

　これらは、自分がつねに上位者として優越する位置どりをみても、単なる「男尊系ウイルス」の発症型にしかみえないかもしれません。しかしこれらは、15歳どころか30歳以上の年齢差でも大丈夫、といった、男性自身の心身の相対的わかさの誇示、ないしは過信・誇大妄想（アンチエイジング指向）なのだと理解すべきでしょう[59]。体験年齢より（同年代の男性よりずっと）ゆっくり経過する心身という「自画像」が明白にみてとれるからです。病理としての小児性愛（当人は、自由恋愛・純愛なのだと錯覚している性的虐待）については、いうまでもないことです[60]。

　さらに、以上、広義の加齢忌避の感覚に付随して、尊厳死などをふくめた積極的自死の思潮などもみのがせないでしょう。死期がちかづき苦痛などを回避するための安楽死ではなく、おもいどおりにならない心身から自由になりたいと、自死をえらんだり、知人に自殺幇助を依頼したりする人物は、おおくはないものの決してたえま

せん。これも、インペアメントをかかえる自身をゆるせない、という自分が課した基準との比較でえらばれる選択肢ということです。

　もちろん、社会学者 E. デュルケーム（1858–1917）が『自殺論』で指摘したように、個々人は主観的に自死をえらんでいるつもりですが、それは巨視的に俯瞰したとき、個人をとりまく社会に規定された1ケースでしかありません。それは、経験的に類型化された手法・時間帯・原因など、属性がおびている傾向から自由ではないからです。尊厳死も、そういった宿命からのがれることはできません[61]。

　すくなくとも、尊厳死合法化が「いきるにあたいする生命」概念を強化し、全身性マヒなど重度障害者への心理的圧迫をうむと懸念があがってきた以上、「尊厳死は権利」と個人主義的に単純な合理化はできなさそうです。

3-12. 検証 12「魔法のように希望どおりの展開をのぞんでやまない心理」

　具体的検証の最後として、20世紀末以降猛威をふるっているようにみうけられる病理を検討したいとおもいます。それは、たとえば東京−大阪間を1時間強で移動したい（計画中の「中央新幹線」etc.）といった、ちょっと冷静にかんがえれば異常な感覚などです。

　《ひたすら加速化することで所要時間を短縮できて、時間の有効利用を介して、ビジネスだとか余暇生活などを充実できるはず》といった時間感覚は、どうみても視野がせまく思考が硬直化しているとしかおもえません。しかし、当事者には、ヘンだという感覚などは皆無のようです。たとえば東京−名古屋間を特急の各駅停車で2

時間半移動がノロノロ感じられて選択肢には絶対いれない（「のぞみ」なら90分）、といった時間感覚が20世紀末には定着し、その延長線上に飛行機なみの高速移動があたりまえとなったのです。そこには《短縮される数十分〜1時間程度の時間経過が、そんなに人生を濃厚化・充実化してくれるのか》といった省察はみられません。

　ことは時間短縮志向だけにとどまりません。現代人は、ケータイ電話を開発したばかりか、超小型コンピューターなど携帯端末（スマホ etc.）をもちあるき、「ながらスマホ」といった流行さえうみだしました。列車内の乗客の半数以上、ときにほとんどが、スマホをのぞきこんでいる（選択している行動は各人各様）といった状況にさえ遭遇します。

　これらの「モバイル」利用は、時間の有効利用という感覚もさることながら、情報収集・処理や、コンテンツ享受のスペースを限定されない、空間的無制限の実現なわけです。インターネットとつながった携帯端末を介して、音楽・動画やゲームを享受することはもちろん、ニュース速報や緊急警報をしらせてもらい、同僚や部下・上司からの業務連絡や指示のやりとりをスペース・フリーでおこなう。つまり、以前だったら、オフィスや映画館などで処理・享受していたような「情報」をプライベートな居室等でできるような「在宅」化をとおりこして、移動中や入浴中でさえも情報処理・享受が可能になった。つまり、時間・空間をとわずに、すきなときに、すきなことができるのが、あたりまえになったということです。

　しかも、それを可能にしている携帯端末は、バッグにおさまるどころか、ズボンのポケットにはいってしまうようなコンパクト化が実現してしまい、防水機能によって浴室でさえ利用可能になったのです。女性用の携帯用化粧道具が「コンパクト」とよばれるよう

になったのが19世紀末ぐらいからのようですが、21世紀初頭には、電話やコンピューター、ゲーム機・テレビ受像機までもが「コンパクト」化してポケットサイズの携行物として定着したのです。

　これら、技術革新の粋を結集して時間・空間を圧縮するというか、時間・空間に拘束されない自由度＝利便性は、19世紀に近代文明を開花させた西欧人たちにとっても、おとぎばなしや科学小説の世界のことであり、とおい将来に実現したらいいな、といった魔法のような現実といえます。そもそも何百キロもはなれた地域と、肉声がかわせるとか、死去した主人の肉声が再生された状況を不思議そうにききいるイヌであるとか、19世紀末から20世紀初頭に急増した現代文明自体が、魔法的存在だったのに、それからさらに1世紀後には、あるきながら、どこかのだれかと会話しつづける人物が歩道をあるいている、といった、一種狂気じみた世界が出現してしまいました。

　しかし、この時間・空間に拘束されない魔法のような利便性で、ヒトは格段にユトリを獲得し人生の密度をあげ幸福になれたのでしょうか？

　作家ミヒャエル・エンデ（1929-1995）は寓話『モモ』などを介して、時間節約を追求する現代人の時間感覚の貧困化、実生活の貧弱化を批判しました。それにかなりさきんじるかたちで、エーリッヒ・ショイルマン（1878-1957）が第一次世界大戦当時の欧州人の時間感覚を皮肉っていました（ましこ2014：13, 93, 171）。それはゲーテ（1749-1832）が19世紀前半に、速達や鉄道による加速化をなげいていたことの延長線上にありましたが（同上：13-4）、これら数世紀のなげきが牧歌的に感じられるぐらいに、20世紀末以降の加速化はすすんでしまったのです。そして、この加速化は、すでに紹介

したように異様ともみえる省スペース化と、「どこでもドア」的な
スペースフリーな世界を出現させました。

　しかし、こうした利便性が、現代人の実生活にユトリをあたえた
かといえば、逆でしょう。数時間の移動時間さえおしいと感じる、
時間的ユトリの消失。Wifiサービスの不具合等で、でさきの作業
ができずにいるときのイラだちやアセリ。エンデが『モモ』で現代
人の省時間志向を皮肉ったように、わたしたちは高速化すればする
ほど時間的・精神的ユトリをうしない、スペースに拘束されずにす
む利便性を享受しようと、結局SNSなどのタイムラインに気をと
られ「いつでも・どこでも拘束」をうけているではありませんか。

　筆者は、これら科学技術を活用した超合理的空間がもたらした
21世紀の都市生活者の感覚を「人生の充実度競争」と批判しました。
これら加速化などによって「人生の密度」をあげないのは、おろか
だといわんばかりの不安が蔓延し、焦燥と疾走が支配的になったの
です（ましこ2014：91-2）。

　他方、企業も投資家の利潤追求圧力や、大衆の価格破壊要求に屈
して、人件費を単なるコストとしてだけみなし、ひたすら圧縮・削
減する方向へと疾走し加速化をやめられずにいます。早晩、うごく
自販機としての接客ロボット、自己判断する輸送ロボットなどに、
対人サービスを全面的にきりかえられかねません。

　これらは、経済学なら、市場競争がもたらした自然な合理化圧力
であり、いずれ均衡がもたらされるところまで変動はつづくだろう
と達観するのでしょう。しかし、物体や時間・空間という非生物と
ことなり、ヒト（消費者＋労働者）はもちろん、動植物など生命体
は、物理的・機械的合理化を追求されたら、ついていけなくなりま
す。実際、「JR福知山線脱線事故」（2005年）など、人間という「自

然」存在の限界をこえた高速化圧力が甚大な惨劇をうんでしまった
わけですし（ましこ2014：36, 105-6）。

　さきに、「拝金ウイルス」や「自業自得論ウイルス」と親和性が
たかく共存しがちな知的病原体として「節約追求ウイルス」を提起
しました。そこでの、暫定的定義は「輸送をふくめた課題処理能力
をあげることを善とうたがわずひたすら加速化・時間短縮をせまっ
たり、ひたすらコスト削減をせまる社会的ウイルス」というもので
したが、経済学主流派などが自明視してきただろう「合理化」の非
合理性は、このような19世紀ごろから流行しはじめた病原体の産
物＝発症例として理解すべきではないでしょうか。

15　さすがに中高年男性が性暴力の被害者となった事例が事件化したことは、ないと記憶していますが。しかし幼女はもちろん、男児であるとか中高年女性なども被害者にはなっており、ほとんどは「なきねいり」状態で、やみにほうむられていると推定されます。

　　　それはともかく、事件化せず警察・司法など当局が立件・統計化せずにおわってしまう実態を「暗数」とよびますが、わかい女性の被害総数は、相当量にのぼると推定されています。

16　労働災害における死亡事故など重大事例 1 件の背後に、中小の事故が 29 件程度、さらにギリギリで事故化しなかったとみられる事例が 300 件あったという統計学的モデルとして有名な「ハインリッヒの法則」と、それを現場に適用した「ヒヤリ・ハット」の徹底収集と可視化による事故防止を推進してきた医療界などが、典型例です。

17　薬物による昏睡をはかって強姦にいたった、もと毎日新聞記者と、それを擁護しようとする勢力のたちまわりなどは、その端的なケースですし（いとー 2017）、そういった加害者に異様にあまい日本の男尊的風潮こそ、従軍慰安婦問題を国際問題にまでこじらせてきた知的基盤だとおもわれます。

18　男性がわ、特に組織内の年長男性が年少女性に対するセクハラに鈍感になりがちな心理メカニズムについては、牟田和恵『部長、その恋愛はセクハラです！』（むた 2013）。

19　すでに「過酷な環境にたえる目的完遂のためには自他の犠牲をためらわない戦士たちを理想視させ、指揮する長老の支配権も正統化させる社会的ウイルス」と定義しました。落伍したり、脱走したり、敵前逃亡するような「なさけない兵士」イメージは、非戦闘員の男性たちをも、「経済戦士」にしたてあげたり、軍人やアスリート以外も「現役」とか「退役」といった軍隊イメージをはびこらせます。こういった理想の「戦士」像に合致・適応可能なのは、実は男性の一部でしかなく、女性はアスリートなどごく例外的な部分しかついていけないのが普通です。これこそ「女々しい」だの「女の腐ったような奴」といった侮蔑表現に動員される「女性性＝劣位性」という差別／排除意識の本質であると。ミソジニーとは「戦士としてつかいものにならない女たち」という男尊イデオロギーの産物なのです。だから、ミソジニーは拡張解釈され、少年や老人など男性も「女性的」存在として侮蔑する論理をかかえています。「一人前」とみなされない存在は侮辱してよいと、攻撃性が合理化＝正当化されるのです。実は、女性を男性の性的欲求の対象として自由に利用できるといった独善的論理は、ここに基盤をもっているのです。武将が小姓などを愛人として支配した両性愛のゆがんだかたちも、その必然的産物でした。女性の貞操権とは、夫などが排他的に女性の身体を支配する権利を保護するもので

しかなく、組織内でのセクハラの横行も、中高年男性にとって年少女性が支配下にある資源＝「エロティック・キャピタル」への利用権という感覚がまかりとおっていたからです。

　また、保守的なアラブ世界などで、性暴力被害者が一族の男性からころされるのも、「一族の汚名をそそぐための処刑」という性格が露骨にでています。自分たちが女性の貞操権を保護できなかった、それこそ自分たち自身の甲斐性のなさ＝なさけなさを、加害者への復讐ではなしに、みうちの被害女性自身にぶつけてはらそうとする、かれらの心理の卑小さ、その品性下劣さは、醜悪そのものにみえますが、そういった羞恥心はかれらにはないようです。おそらく、一族の女性は政略結婚の貴重な資源であり、その利用権を性暴力によって損害をうけたという被害感覚しか、眼中にないからでしょう。レヴィ＝ストロースらの「結婚＝女性の交換」という人類学モデルは、身分制社会におけるオトコたちの利害・欲望の正直な記述なのかもしれません。

20　「オヤジ化」した人物たちの支配を、したから、ないし側面から支持する「男尊女子」たちが中年化することで、やはり支配を補完しその一部と化すことを「オバサン化」と位置づけました（ましこ 2018b）。

21　「痴漢冤罪」にまつわるさまざまなディスクールが、弁護士なども加担した都市伝説的な事実誤認・錯覚である点については、牧野雅子『痴漢とはなにか』など（まきの 2019）。

　ちなみに、牧野さんは現在社会学者として活躍中ですが、もと警察官。その新人時代に電車内で痴漢被害にあった経験を著書の「おわりに」で赤裸々に回想しています。当時の警察が、残念ながら醜悪なミソジニー空間だった実態をものがたる、非常に貴重な体験記だとおもいます。

22　(1)「売春婦だから」論は、そもそもセックスワーカーの人権を無視した議論。
(2) 当時の国際法ですでに人身売買はもちろん未成年女子の動員を違法としていた。
(3) 国軍の組織的関与をしめす文書が発見されているので、現地業者がかってに徴発しただの、女性たちの保護者から借金のかたとしておさえた、といった議論は破綻している。

23　被差別部落をはじめとして、ネット上の差別扇動については、たにぐちほか（2019）が示唆にとみます。

24　「シャルリー・エブド襲撃事件」（2015 年，フランス）や、それにさきんずる「ムハンマド風刺漫画掲載問題」（2005 年，デンマーク）などが、ウィキペディアでも確認できるように、欧州は無自覚なままイジワルな姿勢で戯画を発表し、イスラム世界を挑発しつづけてきました。その結果、はげしい抗議をひきおこしたばかりか、過激派によるテロ事件まで誘発しました。

25 誤解のないように補足しておきますと、権力に対する痛烈な風刺画を驚異的な速度でかきあげてはすがたをくらます「バンクシー（Banksy）」などの批判的アートは、表現の自由／思想信条の自由の好例だと著者はとらえています。政治経済的な権力者といえない標的を風刺するときでも、おなじく秀逸な皮肉のセンスがひかるからです。

26 山本章子「1950 年代における海兵隊の沖縄移転」（やまもと 2016）

27 「朝日アレルギー」かとおもわれるような、異様な論調については、小島新一「朝日新聞が日本を嫌いな理由」（『iRONNA』https://ironna.jp/theme/52）、皆川豪志「朝日だけじゃない「反日地方紙」の正体」（『iRONNA』, https://ironna.jp/theme/160）、『国民が知らない反日の実態　朝日新聞の正体 - アットウィキ - WIKI』（https://w.atwiki.jp/kolia/pages/223.html）など参照。

28 「百田尚樹 沖縄 新聞」で検索すると、多数の検索結果がえられますが、一番えげつないとおもわれる記事をあげるなら、「百田尚樹氏、記者の名を挙げ「娘さんは慰み者になる」 沖縄講演の詳報と検証」『沖縄タイムス』（2017 年 11 月 22 日, https://www.okinawatimes.co.jp/articles/-/173827）あたりでしょうか。

29 ほかに、被疑者や服役後の出所者とその家族、感染症のもと患者と家族、単純血腫などに代表される「見た目問題」の当事者など、社会生活に困難をかかえる層ほか、多様で無数の社会的弱者がいて、かれらは、その苦境に共感がよせられないことはもちろん、同情もされないことが大半です。そして、かれらに対する攻撃者たちは、仏教の「因果応報」など自業自得論により社会全体でバッシングすることを正当化して、主観的に「正義の味方」のつもりでいることが普通です。

30 https://lite-ra.com/2019/12/post-5169.html

31 これらは、女性専用列車に対する不満とか、北米での大学入学者の黒人枠など、「弱者と主張する連中が差別解消といいたてて、不当に資源をよこどりしている＝自分たち多数者（男性／白人等）が正当な権利を行使できなくなっている」という「論理」で、「逆差別」論とよばれてきました。

　基本的には、既得権をもった多数派などが「相対的剥奪」意識＝不満をおぼえることで、浮上する知的反動です。「最近は、すぐセクハラだ、パワハラだ、とさわがれるので、ものもいえない」といった中高年男性の不満は、その典型例です。

32 「2016 年 4 月 1 日、沖縄県は独自に行った「子どもの貧困実態調査結果概要」を発表した。子どもの貧困率についても独自の推計を行い、全国で 16.3％であるのに対し、沖縄県では 29.9％であることを示した〔……〕。ひとり親世帯の貧困率も 58.9％と、全国の 54.6％より高い。」（みわよしこ「貧困に喘ぐ沖縄の母子世帯、生活保護も頼れない苦境の裏側」『DIAMOND online』2016.12.9, https://diamond.jp/articles/-/110714）

33 録音・録画データや、日記・メモなどの記録をそろえないかぎり裁判で
あらそえない、証拠主義など、強者がわに圧倒的に有利にはたらく構造
もふくめてです。こういった証拠主義にたって権力犯罪の立証を弱者が
しいられるかぎり、体制がわは、ほぼ必勝状態なのですから（「大阪地検
特捜部主任検事証拠改ざん事件（2010年）」などは権力犯罪が露見し冤罪
があばかれた例外的事例かと）。性暴力など、被害者が弱者であるばあい
は、その最たるものでしょう。

34 "Power tends to corrupt, and absolute power corrupts absolutely."

35 たとえば、セクハラに関して「事件件数の増加は告発件数の増加だけで
説明できない」と、「男たちは壊れはじめているのではないか」と、近年
を状況悪化と解釈する見解があります。その根拠は、「たとえ男性であっ
てもセクハラを嫌悪する者がいる」から、男性一般を「もともと壊れて
いる」ときめつけられないからだというのです（かねこ2006：ii-iii）。た
しかに、男性一般が基本的にセクハラ予備軍としてそだつという意味で
「もともと壊れている」ときめつけるのは本質主義でしょう。しかし同時
に、この議論が男性からおもにだされるのは、「自分をセクハラ予備軍と
きめつけられたくない」といった被害者意識がうかがわれますし、セク
ハラの実態のうち公然化されない部分＝暗数を過小評価しているように、
おもわれます。

36 警察の内実はともかくとして、すくなくとも検察と裁判所が、女性の性
犯罪被害について、非常に鈍感な体質をかかえてきたことは、伊藤和子
さんの『なぜ、それが無罪なのか!? 性被害を軽視する日本の司法』（い
とー2019）など。

37 「松井大阪知事「相手もむちゃくちゃ言っている」「土人」発言の
機動隊員を擁護」（沖縄タイムス2016年10月20日，https://www.
okinawatimes.co.jp/articles/-/67411）
「【阿比留瑠比の極言御免】「土人」は「差別」なのか」（産経ニュース
2016年11月17日，http://www.sankei.com/premium/news/161117/
prm1611170007-n1.html）
「「土人発言、差別と断定できず」は訂正不要　政府答弁書」（朝日新
聞2016年11月21日，https://www.asahi.com/articles/ASJCP5748
JCPUTFK00C.html）
「「土人発言」かばう空気の正体　「沖縄差別」の構造、覆い隠す安倍
政権」（毎日新聞2016年12月5日　大阪夕刊，https://mainichi.jp/
articles/20161205/ddf/012/040/003000c）

38 アニメ作品『この世界の片隅に』など、戦時中をあつかったフィクショ
ンには、再三当時の思想統制の実態がえがかれてきました。

39 「霞ヶ関文学とは、法案や公文書作成における官僚特有の作文技術のこと
で、文章表現を微妙に書き換えることで別の意味に解釈できる余地を残

したり、中身を骨抜きにするなど、近代統治の基本とも言うべき「言葉」を通じて政治をコントロールする霞ヶ関官僚の伝統芸と言われるもののこと」（神保哲生「元通産官僚が明かす「霞ヶ関文学」という名の官僚支配の奥義」, http://www.the-journal.jp/contents/jimbo/2010/03/post_49.html）

40 安冨歩さんが問題提起した「常に自らを傍観者の立場に置き、自分の論理の欠点は巧みにごまかしつつ、論争相手の弱点を徹底的に攻撃することで、明らかに間違った主張や学説をあたかも正しいものであるかのようにして、その主張を通す論争の技法であり、それを支える思考方法」（ウィキペディア「東大話法」）のこと。

なお、欺瞞的論法を最大限活用している一群が「東大生」「東大卒」「東大教員」とみられるという安冨さんの経験則が、命名の経緯であって、東大関係者以外に多数の利用者がみられるからといって、モデルがまちがっているといった論難は、ナンセンスでしょう。

憶測ですが、足尾鉱毒事件や水俣病など、東大出身者を中心とした御用学者が、政治権力・経済権力のために詭弁を弄し、弱者を窮地においつめてきた歴史的経緯があり、それが官僚社会の「常識」としてコピーされてきた。大衆社会にあっては、企業人もふくめて、厚顔無恥な非論理的欺瞞をみんながくりかえすようになった、ということだとおもいます。

華麗に法的議論や経済理論を駆使しているようにみえるエリート官僚が、国会で質問をうけるときには、終始しらじらしい詭弁を弄するだけで、一向に回答になっていないなども本質的には同様。エリートたちの権力が知性・専門性に立脚するのではなく、窮地をとりえあえずにげきるだけの屁理屈力と鉄面皮性（悪のレジリエンス）が本質なのだと。

41 英語にだけ課されてきた大学入試センター試験での「リスニング」テスト。ほとんど議論として浮上しませんが、そんなに「外国語」力判定に「聴解」が不可避なら、英語以外の「外国語」になぜ「リスニング」が導入されずにおわったのか、説明してほしいものです。あるいは、聴覚障害者の受験生を適切に成績処理できるのかなども、説明責任があります。

42 『愛と執着の社会学』および『身体教育の知識社会学』参照（ましこ2013, 2019）。

43 ほかにも、暴力行使の正当化として、生徒の傷病の責任をのがれようとしたり、その責任を免除・隠蔽しようとするといった関係者のうごきには、「謝罪拒否系ウイルス」「厚顔無恥ウイルス」「忘却ウイルス」「保身ウイルス」などが、すけてみえます。だからこそ、教員による、イジメ自殺事件などで、提訴されると徹底的に裁判でたたかい、無罪を主張したりするわけです。

44 もちろん、善なる価値基準や優位集団の文化／心身にあわせようとコピー

をしいる「同化ウイルス」が大量伝染することで、近代日本がつくられたことは明白です。動物性蛋白質をふやし体位向上をはかろうとか、オリンピックなど国際的スポーツ大会で入賞をねらうなど、欧米社会の体力水準や技術文明などへの適応は、現代もなくなっていない日本社会の同化志向です。

それは、アイヌ民族など民族的少数者が包囲されて劣位におかれたのと、心理的にはにています。欧米の標準が世界標準＝普遍的基準なのだと錯覚させられ、ひたすらコピーをしいられたからです。しかしそれでも、現在の日本文化絶賛の風潮など、日本文化は独善的なアイデンティティの中核として機能しつづけている点で、決して危機言語などとは同列にはかたれません。

45 アイヌ民族のように和人に包囲されたわけではなくても、在来言語をおとった文化だと信じこまされた集団は日本列島各地にいて、その代表例は琉球列島です。那覇都市圏など都市部住民のわかい世代は、在来言語をはなせないことはもちろん、ききとることさえ困難になりました。

46 少数言語である手話をもちいず、口形から音声を推定しようとする読唇術や残存聴力を補聴器や人工内耳で活用する「口話主義」教育。それらが、ろう教育を支配してきた過去は、音声言語空間（聴者社会）への同化圧力でした。口話主義教育しか容認しない障害児教育を批判した高橋潔（1890－1958）の伝記など参照のこと（やまもと 2000, かわぶち 2010）。日本手話をめぐる学校の言語教育学的解析としては、かなざわ（2001）、クァク（2017）、なかしま（2018）など参照。

47 性転換手術希望者をふくめた「性転換症（Transsexualism）」よりひろい概念。

48 おそらく、「男尊系ウイルス」に未感染でミソジニーなどを発症しない男女は、性的欲求がわいてこない無性愛（asexual）層ぐらいかもしれません。上野千鶴子さんは、「わたしたちはミソジニーがあまりも深く埋め込まれた世界で生まれ育ったために、それがない世界について想像することができません」とまで、その支配力を強調しています（うえの 2018：294）。一方、少女漫画の含意を解析してきた第一人者藤本由香里さんは「90年代初めは、女であることをマイナスの記号だと考えない人の割合が全体の20パーセントを超える、その転換点だった」と位置づけています（ふじもと 2008：302-3）。「残りの多数はまだ、そうでない側にいる」（同：303）とはいえ、あきらかに1990年代がミソジニーの漸減を象徴した転換点なのだと。

49 社会学徒は、属性と文脈さえ特定できれば相当な確率で言動が予測できるという、刑事学的なプロファイリング的人間観＝保守性をもつ一方、属性×文脈で自動的にさだまる多数派による最頻値的言動からはみでる、無数の多様性にもかならず関心をよせるのが普通でした。

50 日本列島に一般的な社会心理学的な風潮としての「空気」の力学、その温床としての「世間」のメカニズムについては、鴻上尚史さんの啓発書が有益です（こーかみ 2006, 2019）。

51 ジャニーズをプロデュースしつづけたジャニー喜多川氏には、未成年者への性的虐待容疑が浮上し、民事訴訟で事実認定が最高裁で確定しているという過去があり、「ジャニーズ」ブランドから消去しがたい巨大な汚点のはずでした。しかし、メディアが追悼特集においても不自然な沈黙をまもりつづけている事実は、「【2019年読まれた記事】ジャニー喜多川社長の美談を垂れ流し性的虐待問題を一切報じないマスコミ！ 元ジュニアが法廷で証言、最高裁でも確定してるのに」（『LITERA（リテラ）』2019.12.31）など。ジャニー喜多川氏が以前から性虐待疑惑の渦中にあった事実、ジャニーズ・ファンたちは、それをみてみぬふりをしてきた経緯については、『ユリイカ 2019年11月臨時増刊号 総特集＝日本の男性アイドル』など。

52 たとえば安倍政権など保守政治に対して批判的な論調でネタを展開する芸人関連の「【2019年読まれた記事】ウーマン村本がよしもと社長からの圧力を激白！「百田さんや高須さんのこと、どうにかならんか」と」（『LITERA（リテラ）』2019.12.30）などは、非常に気になる動向です。

53 この構図は、本章 3-8 でとりあげた「おなじ国民」圧力と、かなり共通点があります。暴力団やテロ組織のような「（確信犯的に）違法行為も辞さず」という過激な集団以外、おおくの組織は保身もあって、戦時中の翼賛体制のような体制迎合的な姿勢になりがちです。たとえば「改憲や原発再稼働に積極的反対を表明する」といった健全な姿勢自体、「なみかぜをたてる人物」「体制にたてつく不穏分子」的な排除意識の標的になりがちだからです。

54 野口雅弘「「コミュ力重視」の若者世代はこうして「野党ぎらい」になっていく：「批判」や「対立」への強い不快感」（『現代 ISMEDIA』2018/07/13）

55 『社会学のまなざし』（ましこ 2012：157）

56 マンガ家さいとう・たかを（1936−）による劇画作品（『ビッグコミック』連載，1968年11月〜）。主人公「デューク東郷」（偽名とされる）が依頼者たちなどから話題とされるときのコードネームから表題名はとられた。

57 単に、少女「紫」が意中の「藤壺」といきうつしだっただけで、ロリコン等とは無縁という解釈が支配的かもしれませんが、つれさってきて養女的に自分ごのみにそだてる（配偶者目的）など、現代でいう「児童婚」そのものでしょう。年齢差は、せいぜい 10歳前後だったとはいえ。

ちなみに、大塚ひかりさんは、「光源氏」にかぎらず、『源氏物語』に登場する男性貴族は、みがってで酷薄であるなど、女性たちを粗末にあつかう連中ばかりだと、「みんなサイテー」という強烈なコピーをえらん

でいます（おーつか 2004）。

58 年齢・学歴・所得などが自分よりひくい女性を結婚あいてにえらびたがる男性の指向。下方婚はパートナーに対して社会的地位で全般的に優位にあろうとする姿勢で、みずからの男尊女卑意識を実現するための結婚なのだと、酒井さんはみてとったわけです。5歳以上わかいだろう20代女性にしか興味をいだかない30代以上の未婚男性。かれら「オスの負け犬」から、異性に外見・従順さ（わかさ・きれいさ・かわいさ）しかもとめない「女卑」心理をみてとったと。

59 優位にある女性が年少の青少年を愛人にするときには、「（自分の加齢によって）早晩みすてられてしまうのではないか」という不安をかかえていることが普通だからです。

60 斉藤章佳『「小児性愛」という病』（さいとー 2019）、および「児童性虐待者のミソジニー」（うえの 2018：84-105）。

61 動機から類型化される「尊厳死」という形式に分類されてしまうこと自体、当人の自尊心自体が結局社会から解放されえなかったことを、逆説的に証明してしまっていますし。

4章

社会的ウイルスの発症防止のために
：あらたな臨床的社会科学の創造

前章で具体例を「症状」とみなしたときに、そこから推定できる知的病原体＝社会的ウイルスを列挙してみました。どの程度の説得力があったかわかりませんが、これら現象全部が社会的ウイルスなしに発生しているとはかんがえづらいでしょう。

　そもそも、同様なかたちで反復する現象群には、同類のメカニズムがあるはずで、くりかえされるメカニズムは複数の因果関係で構成されていると推定できます。動物のように生得的行動でもたらされる反復現象ではなく、反復される社会現象の原因として、行為者たちの大脳を一定方向にはたらかせる要因は、やはり文化でしょう。本書のベースとなる仮定は、被害者や当人に苦痛をもたらす「残念な文化」を特定できるはずというものです。実際、窃盗に定番の目的・手段・組織が種々あり、詐欺にも当然定番の目的・手段・組織があり、殺人にも同様のパターンが観察でき……と、被害者が確実にいる悪事をもたらす文化は実在します（特高警察など権力犯罪にも同様に）。

　同様に、前章の諸「症状」をもたらす文化も実在すると想定するのが自然だろうということです。いや、くりかえしになりますが、諸「症状」をもたらす「残念な文化」が特定できないような不明なものばかりだとみるのは不自然ではないか。すくなくとも、諸「症状」のいくつかは、複数の人物に同形の悪事をそそのかす知的病原体のようななにかが実在すると仮定しないと奇妙な気がします。

　この知的病原体のような存在＝「社会的ウイルス」がないならともかく、もしひとつでもあるなら、それを駆除したり、流行を抑止したり、発症をくいとめたりすることが期待できます。ひとの悪事をそそのかす「病原体」を特定し、感染経路など流行メカニズムを推定し、感染者の発症を阻止できるような、病理学・疫学・薬学・

臨床医学にあたるような作業を科学化できたら、あらたな臨床的社会科学の誕生といえるでしょう。

筆者は、自身が社会学教員として「布教」活動をつづけてきたという、職業人としてのアイデンティティにひきずられた認知バイアス的な「えこひいき」をわりびいても、このあらたな臨床的社会科学は、広義の社会学（ジェンダー論・クィアスタディーズ・行動経済学・ゲーム理論……）をベースにした学際領域だとかんがえています。

その理由は、いくつかあります。

(1) 社会学は近現代空間の誕生とともに確立し、社会からデータを吸収しつづけ、現代社会の展開とともに成長しつづけている＝不断の更新が維持される社会科学だから、時々刻々変化をつづける社会に対応できる柔軟性があるとおもわれる。

(2) 社会学は草創期から学際領域としてはじまり、20世紀・21世紀と1世紀以上にわたって周辺諸学から影響をうけつづけている社会科学だから、方法論上も雑食性がたかく、学際的で総合的な性格がなくならない。

(3) 社会学は、観測者をふくめた当該社会を衛星から観察するような鳥瞰的視座を確保し、必要とあらば対象空間を接写し、さらには対象空間から近距離がどういった現実にみえるかの虫瞰的視座まで移行できるような「まなざし」を維持している[62]。

(4) 20世紀は哲学が諸学の「扇の要」にあたっていたけれども、21世紀には広義の社会学が、その座にすわった。

こういった独自性をもつとおもわれる広義の社会学は、暴力性を誘発する知的病原体の感染・発症を抑止する手段になれるだろうと。

　さて、「病理学」的特定としては、前章で、具体例を仮説として提起しました。そこへの異議をふくめた批判・修正、新提案などをまつとして、つぎに、前章までの仮説をもとに、疫学的・薬学的・臨床医学的な方向での具体策を模索してみたいとおもいます。

　まずは、知的病原体を想定したときの感染メカニズムをイメージしていきましょう。

　本書冒頭で、「ミーム」が個々人の大脳に感染し、集団感染（集団の大脳に共通して寄生）するメカニズムを紹介しました。攻撃性を誘発する悪性の知的病原体も、まずは個々人の大脳に感染し、集団感染へと展開するとおもわれます。逆にいえば、完全に社会的ウイルスや感染メカニズムが特定できなくても、感染ルートを遮断できそうな公算がたてば、大量感染・流行を阻止できると期待できそうだということです。

　もちろん、感染メカニズム・発症メカニズムの一部でも特定できれば、感染ないし発症を相当程度抑止できそうです。感染が一部でも抑止できるなら流行は阻止できそうですし、発症が一部でも抑止できるなら実害を実質軽減・減少させられるはずです。

　いずれにせよ、広義の社会学が疫学的な流行メカニズムを一部にせよ解明し、感染・発症のいずれかの段階で抑止作用を期待できるとみこんで、具体的過程を解析してみましょう。

4-1. セクハラ・ヘイトスピーチなど攻撃的言動

4-1-1. 攻撃的言動としてのセクハラなど各種ハラスメント

　攻撃的言動の代表例として、まずはセクハラ現象をとりあげましょう。

　そもそもセクハラは、男性異性愛者から女性異性愛者へのハラスメントとはかぎりません。実際、留学先の「ホストファミリー」が女性同性愛者で、こともあろうに性的関係をせまろうとした、という悲惨な体験をした女子高生の事例が過去ありました。「ホストファミリー」という絶対的優位にあることを悪用したわけで、女子高生がかりに同性愛や両性愛を自覚していたにしても、典型的なセクハラ事例にあたります。

　かりに同意があったにせよ、18歳未満の人間との性的関係は不適切ととられる社会が大半だし、「ホストファミリー」という関係性にあっては、教師・生徒関係、上司・部下関係[63]などと同様、本来の社会的役割を逸脱した性的アプローチだからです。

　近年では、その象徴的事件としてカトリック教会での聖職者たちによる少年たちへの性暴力が問題となり、北米で大スキャンダルとなった事例がもっとも有名です。ローマ法王庁が指弾され対応におわれてきたように、日本をふくめた世界中のカトリック界での醜聞といってさしつかえありません。

　以上みてきたようにセクハラの全容は多様であり、加害者・被害者双方のセクシュアリティ、双方の性的指向の掛け算になるので、詳細に分類すれば、数十種類の犯罪類型をかぞえあげる必要があります[64]。

　とはいえ、すでに紹介した『部長、その恋愛はセクハラです！』

（むた2013）という啓発書の表題が代表するように、男性異性愛者から女性異性愛者へのハラスメントが圧倒的多数をしめることも事実でしょう。痴漢被害などで通勤が困難な女性を救済するために制度化された女性専用車両などは、その象徴的存在です。したがって、セクハラを「発症」させてきた知的病原体の本質・感染メカニズム・発症メカニズムの特定は、男性異性愛者から女性異性愛者へのハラスメントがなぜ圧倒的多数なのかを解明することを軸にすすめることが妥当だとかんがえられます。

　では、男性異性愛者から女性異性愛者へのハラスメントがセクハラの典型例にして最頻値的な存在である（質的量的に優先順位として突出している）理由はなんでしょう。そして、異性愛者同士の加害者－被害者関係に典型的にあらわれながらも、ほかの類型でも本質的に通底する構図とはなにか。それは、以下のような諸点だとおもわれます。

(1) 被害者が女性や少年、部下など、相対的弱者であること。
(2) 加害行為が個室であったり、共犯者・傍観者をふくめた広義の加害者による包囲のもとで外部から隔離されていて、被害者が孤立していること（「社会学的密室」）（ましこ2007, 2019）。
(3) 性的関係をせまったり、性的羞恥心・性的劣等感を刺激する言動が軸だが、男性性ないし女性性（被害者がよりどころとしている心身のアイデンティティ）を攻撃するさまざまな形態（画像・音像はもちろん「ハゲ」等の侮辱も）も存在すること。
(4) 職場や学校など公的空間で、セクシュアリティや性的このみで待遇上のえこひいきをしたり不当な処遇をおこなうこと。
(5) 被害者意識がずっと発生しないセクハラは存在しないが、ハ

ラッサーがわには悪意など攻撃性を自覚していない心理状態に終始することがすくなくないこと。

(6) 環境型ハラスメントやヘイトスピーチをふくめ、被害感情には個人差・集団差がおおきく、被差別意識をもたない個人・集団もいるので、客観性がなく、判定が恣意的だという非難が頻出すること。

　これら本質的要素とおもえる現象群に共通する構造は、ネット上での「セクハラ」「セクシュアル ハラスメント」などの検索結果、たとえば「セクシュアル・ハラスメント－法務省」などの記述とは、おおきな差異があることがわかるはずです。

　そのミゾの理由は、基本的に法務省や弁護士事務所や自治体の啓発サイトが、もっぱら企業や自治体など、「職場でのセクハラ問題対応」といった、非常に実利的・官僚主義的な要請に対応したものだからです。たとえば、ある法律事務所での「定義」では、つぎのように断言してしまっています。

　　　　セクシュアルハラスメント（セクハラ）とは、相手の意に反する
　　　　性的言動によって、働く上で不利益を被ったり、性的な言動によっ
　　　　て就業環境が妨げられることを言います。　　（労働問題弁護士ナビ）

　法務省の同様の啓発サイトも同様で、

　　　　男女雇用機会均等法では「職場において、労働者の意に反する性
　　　　的な言動が行われ、それを拒否したり抵抗したりすることによっ
　　　　て解雇、降格、減給などの不利益を受けることや、性的な言動が

行われることで職場の環境が不快なものとなったため、労働者の能力の発揮に重大な悪影響が生じること」と定義しています。

また、厚生労働省の指針ではセクハラを次の二つのタイプに分けています。

● 対価型セクシュアル・ハラスメント

　職務上の地位を利用して性的な関係を強要し、それを拒否した人に対し減給、降格などの不利益を負わせる行為。

● 事業主が性的な関係を要求したが拒否されたので解雇する

【中略】

● 環境型セクシュアル・ハラスメント

　性的な関係は要求しないものの、職場内での性的な言動により働く人たちを不快にさせ、職場環境を損なう行為。

● 性的な話題をしばしば口にする

【以下略】

「企業における人権研修シリーズ　セクシュアル・ハラスメント」

　しかし、これら、職場の管理職たちが、訴訟対策や職場内の規律維持のために、必要にせまられて整備することだけで、市民の人権がカバーできるはずがありません。だからこそ、教員たちによるスクール・セクハラ、コーチたちによるスポーツ・セクハラなどが浮上するなど、雇用とは関係ない空間の社会問題がとりあげられたわけです。

　ただ、つぎのような「チェックリスト」をみるかぎり、こういったことをわざわざあげねばならない水準で、企業社会が存続していることも、すけてみえます。これは、まさに露骨な人権侵害の典型例としてのセクハラの質的量的最優先事項をしめしており、女性が

はたらきつづけられるかどうかという民間企業等職場空間の実態であり、被害者の大半が女性で、加害者より年少で地位がひくいだろう点です。

「自分はセクハラとはまったく無縁の人間」と思っているかもしれません。
まずは、チェックリストで自分の意識を見てみましょう。

- ■　可愛い子にはラクな仕事を担当させたいと思う
- ■　女性の身体的特徴を話題にする
- ■　食事やデートにしつこく誘う
- ■　私生活上の秘密等を暴露したり話題にする
- ■　職場でも性的な話題も時には必要だと思う
- ■　短いスカートや胸元が開いたブラウスはセクハラの原因だと思う
- ■　性的な冗談は女性も喜んでいると思う
- ■　宴会でのハダカ踊りは誰が見ても楽しいと思う
- ■　お酒のお酌やカラオケでのデュエットを執ように誘う
- ■　女性の身体をじっと眺める
- ■　体調の悪そうな女性に「生理日か」などと言う
- ■　女性の肩に手を触れるのはスキンシップである
- ■　雑誌のヌード写真を他人の前で見せることがある

　このチェックリストのうち、男性も被害者としてふくまれることが想定されていると解釈できる項目は、せいぜい「宴会でのハダカ踊り」「私生活上の秘密等を暴露したり話題にする」ぐらいです。上司に「ハダカ踊り」を強要されたわかい男性職員などは、はずか

しくて性的侮辱だと感じるひとはすくなくないでしょうし、プライバシーを暴露されてかまわないとかんがえる男性も少数だからです。

しかし、これらの項目もふくめ、ここで想定されている加害者はほぼ全員が男性職員であり、被害者は女性職員でしょう。たとえば「可愛い子」には男子職員はふくまれないでしょうし、「身体的特徴を話題にする」のは男性で、対象に男子職員はふくまれないでしょうから。

重要な点は、「身体をじっと眺める」とか、これらの行為をほとんどは女性たちが不愉快だと感じている現実に鈍感で、かってに許容されると錯覚した中年男性がたくさんのこっているからこそ、チェックリストなどが必要だということ。つまり加害者性と被害者性の非対称が明白であることなどです。

つぎに、これらの行為は、男性たちの大半も自分がされたら不愉快だろうはたらきかけだという点です。たとえば中年男性たちも、自分たちの「身体的特徴を話題」にされたら、大半ははずかしいでしょうし、にがてな女性や男性が自分を「食事やデートにしつこく誘う」とか「お酒のお酌やカラオケでのデュエットを執ように誘う」あるいは「肩に手を触れる」などの行動に、何ら抵抗を感じないとはおもえません。

つまり、多数派男性の大半は、このみでない女性や男性同性愛者から性的アプローチをうけたいとおもっていない。つまり、自分のこのみの年少女性に同様の行動をしてよいと錯覚している男性たちの大半は、ミラーリングで浮上する、このみでない女性や男性同性愛者から性的アプローチをうけたとしたばあいの不愉快さが全然想像できずにいるということです。

また、中年男性が劣等感をおぼえているだろう身体的特徴や機

能を強調したり憶測で侮辱する行為として、「ハゲ／デブ／イン
ポ……」といったものが想起できるでしょうが、男性性の象徴とし
ての身体部位の形状や機能を値踏みされたり、失笑・好奇心などを
ともなった視線でジロジロみられることも屈辱的でしょう。

　かれらは、派遣社員や20代など年少女性たちを「上司」として
指揮できるポジションにつくと、その権限の私的流用、時間・空間
の私物化などに鈍感になり、自分のこのみの女性を資源化しようと
し、このみでなかったり、関係が悪化した女性たちを解雇や配置転
換においこむなど職権乱用をはじめてしまうわけです。自分たちが
やられたら、ほぼ不愉快で忍耐不能だろうことを強要し、それに必
死に面従腹背している女性たちの心理をよむ能力・感性・品性が欠
落しているところに、セクハラは遍在すると。

　しかも、これはオヤジ化した中年女性も同形のことをやらかすこ
とが経験的にしられていますし、職場ではなく教育的空間としての
学校や宗教団体では、指導者による未成年男性へのセクハラ・性暴
力がかくされてきたわけで、すくなくとも男性同性愛者の一部も加
害者でした。

　ちなみに、AVなどポルノ作品で「痴女」ものという確立した
ジャンルは、女性教員や会社の上司、看護師・医師などが「肉食系
女子」として、男性たちに性的慰安を積極的に提供するといった展
開、ないしはサディストとしての本性をあらわすといった展開がほ
とんどのようです。たとえば男性が電車内でセクハラをうけると
いったストーリーはないようにおもわれます。ゲイ市場における、
AV等におけるセクハラ設定などについては、不明にして議論にあ
げられませんが、AVの市場の圧倒的多数が、異性愛男性を顧客と
しており、女性が痴漢等セクハラの被害者になる設定が、あきもせ

ず制作されてきた動向をみれば、女性や性的少数者が加害者にまわるケースは、例外的少数としてあとまわしにしてよさそうに感じられます。

　端的にいえば、被害者の圧倒的多数は異性愛女性であり、少数の異性愛男性がある。そして、加害者の圧倒的多数は異性愛男性であり、かれらの一部は性暴力として少年等を標的にすることもあると、まとめられそうです[65]。

　すでにのべたカトリック教会などのばあいは、同性愛男性が加害者とかんがえられますが、犯罪者組織であるとか軍事基地周辺などでは、女性の代替物として少年も標的化してきたと。レイプにまでいかないにしても、男性教員による女子生徒・男子生徒へのセクハラは相当数潜在していると想像すべきですし、女性教員も無警戒ではいけないでしょう。すでに指摘したように、「密室」で犯行はくりかえされてきたのですから。

　では、これら広義のセクハラを誘発させてきた知的病原体があるとしたら、一体どういったもので、どのように感染・発症してきたのでしょうか？

　前章の3-1.で性的被害者が、あたかも本人に落ち度があるかのようにせめたてられる構造の差別性を批判的に検討しました。その際帰納法的に推定したのは「男尊系ウイルス」でした。セクハラという発症も「男尊系ウイルス」の感染なしにはおきないだろうと、まずは推定できるとおもいます。

　男尊系ウイルスの感染メカニズムのカギは、おそらく、宿主を驚異的圧力で圧倒するプロセスにありそうです。具体的には、父子関係に代表される物理的な圧倒的体格差による存在否定、腕力・知力など圧倒的格差による無力感などを介して、ヒロイズムなど恍惚感

が各人をとりこにしてしまう。感染後の発症は、つぎのようなかたちをとっていることでしょう。

● 危機打開力、耐久力、マウンティングなどの、ヒロイズム系の正当化。
● 屈従体験→ストックホルム症候群等をとおした、勝者の美化。
● 王権／長老支配／官僚組織などピラミッド構造の合理化＝美化。
● 金力／権力／腕力の依存と誇示。
● 非戦士／落伍者／敗者に対する侮蔑、ミソジニー、ホモフォビア（同性愛嫌悪）等の正当化。
● 優生思想等、社会ダーウィニズムへの依存。
● フェミニズム／男性学／クィアスタディーズ／性教育などの忌避・侮蔑。

　セクハラという具体的発症が成立するためには、ミソジニーやホモフォビアなど性差別的攻撃性（偏見による侮蔑と排除）を正当化する心理の誕生が不可欠です。劣位にあるとみなされる「非戦士」判定により、攻撃性が合理化される。あるいは、軽侮の露呈だという言動が無自覚に頻発する。年少の男女を支配下においているという自覚の程度はともかくとして、自身の地位に付随する特権を悪用して、年少者など弱者を支配下におくなど私物化し、弱者に性的にせまる。同意をとりつけずに性的刺激をあたえる。セクシュアリティないしジェンダーを介して差別・えこひいきする。これら犯罪・不法行為をくりかえしてもはじない、といった心理が維持されているということです。
　逆にいえば、これらの発症に遭遇し不愉快さを経験させられる被

害者をできるだけへらすためには、実行容易な「密室」をなくして犯罪予備軍を封ずるのが最善です。罰則や社会的制裁をおそれる人物は、自身の行為にハイリスクがともなうとの自覚があれば、かくすでしょう。加害者が露骨にセクハラをやらかすのは議会でのヤジやテレビ・講演会などでの失言ぐらいだからです。議会をふくめた公的空間でのセクハラは、議員などの羞恥心の水準、つまりは選挙民の民度をあげないと完全には絶滅できそうにありません。しかし、セクハラ発言をくりかえすタレントなどが、ほぼ消失したように、公的空間は比較的改善が簡単です。

　一方、会社や学校・スポーツ団体、宗教団体などには、外部の第三者が気づきづらい無数の「密室」が発生します。基本的にパワーハラスメントといわれる現象が発生しやすい空間は、セクハラについてもハイリスク空間といってさしつかえないとおもいます。

　すでに指摘した「社会学的密室」は擬似的閉鎖空間であり、加害行為が個室や組織メンバーによって外部から隔離されているため、被害者が心理的に孤立していることで成立しているからです。さらに、「社会学的密室」では、被害者がわが無力感や錯覚・洗脳などにより、脱出する意思をうしなっている点もみのがせません。パワーハラスメントのハイリスク空間は、女性など弱者がセクハラの標的となりやすいし自衛が困難な空間なのです。

　セクハラ予備軍を犯人化させないためには、「社会学的密室」が発生する物理的条件をへらしていくこと、さらには「社会学的密室」がかくれていそうな危険なゾーン、ハイリスク集団を正確に認識し警戒的に弱者自身が行動して自衛することが必要です。

　たとえば、正直あまり強調したくない点ですが、教員・コーチ・宗教者・医師など、マンツーマンの関係性で上位者になるひとびと

は、潜在的にハイリスク層です。上司とか弁護士とか、自分の個人情報をにぎっている人物に、ひとりで密室にくるようよびだされたり、レストランやラウンジなどで、ふたりきりであうとか、2対1、3対1をはじめとしてあいてが相対的に多勢なケースとか、夕刻以降など夜間に展開するスケジュールがくまれたばあいも、警戒しておいてしすぎということはありません（男女混合の出張等も）。アルコール飲料がらみは、特にそうです。

　逆にいえば、以上のような、弱者に警戒感をいだかせるような設定を、学校や会社等はみとめてはいけないわけです。個人の成績などプライバシーにかかわるから、1対1であう日程しかくめないというのも、基本的には禁止です。担当医師がセクハラや性暴力におよんだといった事例も、看護師等パラメディカルスタッフの関与がきえる「密室」が発生したからでしょうし、カトリック教会での「告解」も本来的にはハイリスク空間。スポーツのコーチ等がマッサージ等治療をすることとて、1対1は厳禁なのです。男子高校などで、授業が女性単独で運営されるといった形態も危険すぎるでしょう[66]。

　さらにつけくわえるなら、セクハラにおよぶ加害者たちは、上記のチェックリスト水準でさえあやしい人物を極として、弱者の人権意識にうとい層ですから、そもそも私物化できそうな空間では常時要注意人物といえます。かれらが最高幹部などに残存しているのは論外ですが、セクハラ感覚に鈍感な中高年男性などに自浄作用をもとめるのは、ムリがあるのも現実です。かれらは倫理観や羞恥心が欠落しているか、不足しているからです。

　そうである以上、かれらに社会的なおもたい制裁をくだして、組織からおいだすことだけでは、組織外に再犯予備軍をはなつような

ものです。つまり、セクハラ事例を抑止・減少させていくためには、実効性のある研修が必要ということになります。被害者と二度と接触しないように任地をはなすといった直接的配慮はもちろんですが、それだけではなく、組織内外にかかかわらず二度と犯行におよばないように、セクハラがいかに卑劣な犯行なのかを理解させる責任が、所属組織にあるのです。

被害者にとっては、ときに全快不能な次元でのトラウマをおってしまうなど深刻な犯行であり、刑事事件化して当然の水準なのだという現実を相手に直視させ、羞恥心をよびおこし、すくなくとも組織内では犯罪予備軍として警戒・監視されるような人格なのだと、セルフ・アイデンティティーの変革＝改心をせまるという意味です。いいかえれば、それだけの責任をおう姿勢が維持できないのなら、即刻警察に通報、ひきわたす以外に選択肢はありません。

このようにみてくると、「男尊系ウイルス」の典型的発症例である、いわゆる「パワーハラスメント」は、セクハラと一部かさなるものの、被害の質／量にかなりのズレがあることも事実です。たとえば、セクハラの代表例は、中高年幹部によって年少の女性を標的におこなわれるでしょうし、それらがたとえば会社の大部屋などで公然とやらかされることはマレでしょう。それに対して、パワハラは男女かかわりなく標的化され、大部屋で公然と共犯者・傍観者をまきぞえにして展開されさえしているはずです。

セクハラが心身への不快感として発生するのに対して、パワハラは職務の強要や侮辱など、一応職務を介した形式をたもつでしょう。また、パワハラは職務上で発生する以上、加害者が組織上上位にあることは自明ですが、セクハラは、「オバサン」「バーサン」よばわりなど組織上同格か上位のばあいさえ、状況次第ではおきえま

す。実際、「大年増の厚化粧」と暴言をはかれたのは都知事候補でした。女子高生がみしらぬ20代女性を「オバサン」よばわりすることだって、セクハラなのですから、会社内などの雇用がらみのハラスメントとは異質なのです。

　しかし、それでも、セクハラのハイリスク空間を縮減し、被害者予備軍がハイリスク空間を警戒・自衛し、加害者をしっかり改心・無害化する方向性という点では、共通点がおおいとおもいます。

　もちろん、会社全体・官僚組織全体・業界全体が、いわゆる「ブラック企業」的な野蛮な体質で、パワハラが常態化し、組織内で公然とくりかえされているような状況なら、改善は不可能にちかいでしょうが、そのばあいは、内部告発して刑事事件化するしかないでしょう。それは、悪質なセクハラを性暴力として訴訟などにうってでるのと同質だとおもいます。自衛としては、そもそもハラッサー（加害者）にちかづかないか、にげだすか、たたかうか、という基本3択だとおもいますし[67]。

　過労死水準付近のスタッフが、常勤はもちろん非常勤にも大量にいることがしられるようになった公立小中学校の現場では、教員採用試験の倍率が急速に低下していることが問題化しています。福祉・保育ほか、離職率が極端にたかい業界もいくつかしられています。こういった業界が全体としてはパワハラ体質などと無縁であっても、労働環境が過酷すぎるとすれば、労働条件自体が構造的差別の産物であり、低賃金や長時間労働など現場に要求される条件全体がパワハラ的[68]だとさえいえます。

　まして、学校や団体によるスポーツ指導等で、強要・暴力など恐怖心をよびおこす体質がのこっていれば、露骨に劣悪な空間といえるわけですから、大会等での入賞実績などをもって暴力を正当化し

たり黙認するような体質は、刑事告訴など外部に告発しないといけない事例です。

　また、セクハラやイジメなどの組織的隠蔽も、パワハラの一種ですから、これら広義の「社会学的密室」の一掃、「社会学的密室」のとらわれびとになることを未然に回避し、不幸な被害者を救出するネットワークの構築こそが急務でしょう。

　裁判所で、結局は「証拠」の有無だけがものをいう司法制度の体質もふくめれば、弁護士も「証拠」なしにはうごいてくれません[69]。録音・録画は自衛上必須の護身術といえますし、そもそも採用面接のときから、録音・録画をふくめた記録化によって自衛するほかない時代なのかもしれません。ハラッサーたちは、自分の保身のためには、「推定無罪原則」を最大限悪用するのがつねなので。

　ただ、ここまでふれずにおいた重要な領域が実はひとつのこっています。それは、「社会学的密室」の一部として「親密圏」が遍在している点です。そもそも、性暴力被害の相当数は、とおりすがりの痴漢だとか暴行魔ではなくて、職場・学校などの知人だという統計結果があります。そして、性暴力の加害者のなかで無視できないのは、教員・コーチ・聖職者など指導者だけでなく、父親（実父だけでなく義父も）やオジだといわれてきました。つまり、ふたりきりになる機会がおおいのは、男性指導者などだけでなく、親族の年長男性もそうだということです。

　特に、実父や義父は、もっともちかい親族ということで、第三者が、その親密さをうたがえない関係性にあります。ときには、実母が性暴力被害を信じないとか、みてみぬふりをするといった傍観者・共犯者として、事実の露見を邪魔する現実さえしられています。被害者にとって、加害者がまさかの親族であるという深刻な現実は

口外しづらい性格ですし、事実上、進学や就職などを好機に離郷してはじめて支配から脱出できるといった、強固な「密室」性が親密圏での性暴力等の特徴です。幼少期からのばあいは、それが性暴力の一種なのだという自覚が被害者にないケースもあるようで、その救出、トラウマからの解放は、専門家によるケアが急務といえます。

性暴力にかぎらず、虐待やDVも同様で、親密圏だからこその密室性が深刻です[70]。性暴力被害とことなり、虐待やDVは、被害者が被害実態を否認し、加害者をかばうことがすくなくなく、共依存やストックホルム症候群がからんで厄介なのです[71]。

さらにいえば、親密圏では、もうひとつ厄介な問題があります。それが学校・スポーツクラブなどで多発してきたスパルタ指導や、「指導死」などをふくめた無自覚なハラスメントと同質の、いきすぎた家庭教育です。これは職場での熱血指導などと同様、加害者はもちろん、被害者もその暴力性を自覚していないことがすくなくなく、むしろマゾヒスティックに甘受しているケースが多々あるわけです。

暴力の甘受が、洗脳やストックホルム症候群などによる錯覚なのか、本当になっとくして受苦を修行とうけとめているのかは、正直識別は困難です。端的にいって「グレーゾーン」が広大なグラデーションをなす現実であり、当事者自身が後年ふりかえることによってしか冷静に解釈できないものさえあると、おもわれます。まして夫婦間や親子間という究極の親密圏での指導関係なら、それこそ当人たちにしかわからない世界かもしれないのですから。

しかし、「うちのシツケはきびしかった」「父は星一徹[72]のような存在だった」とふりかえる当事者は、要注意です。それが教育愛であったかは保証などなく（単なる自己満足や虚栄心、人生のリベン

ジマッチとしての実子による代償行為etc.)、また動機の純粋性の有無と目的や指導の質／量の適切さとは別ですし、被指導者の人生の成否や納得感の程度など、評価は意外に複雑だからです。

　オトナになって、もはやとりかえしのつかない段階で気づいても、「うらんでもしかたがない」と、ながせるかどうかなど、人生全体に深刻な刻印をのこしかねないのが、干渉しすぎる保護者という宿命なのです。そして、こどもなりに総括が充分できるころには、モジどおり「覆水盆にかえらず」なので、保護者自体は、謝罪など責任のとりようもありません。「はやくオヤジの妄想に気づいてにげださなかった自分がバカだった」と、わらってゆるせるケースだったらいいのですが、刃傷沙汰も当然ありえるでしょう。日本列島に無数に点在するはずの「ひきこもり」や「家庭内暴力」の一部は、家庭教育の失敗なわけですから[73]。

　そして、それらは、（1）自由主義社会におけるプライバシー／親権／愚行権という否定できない現実、（2）「社会学的密室」という第三者が介入しづらい親密圏領域にあること、（3）心身に負荷をかけることで劇的にブレイクスルーがおきる現実など、無茶の効用もある現実、（4）そしてなにより、当事者の実感は第三者にはわかりかねることはもちろん、当事者自身後年にならないかぎり冷静には客観視できないかもしれない現実で、しかも当人同士の認識に全然合意がない「藪の中」（芥川龍之介）的構造かもしれないこと……など暴力性の有害性はわからずじまいの可能性がたかいのです。

　以上、ハラスメント現象をセクハラを軸に、社会学的スケッチをこころみてみました。被害者になりかねないハイリスク状況はもちろん、無自覚にハラスメントを行使してしまう危険性などを整理しておけば、企業研修といわず、中学高校の保健体育や性教育にも、

やくだつのではとおもいます。特に中高生にとっては、護身術かつ、社会的ウイルスの感染防止ワクチンとして機能するかと。

4-1-2. 攻撃的言動としてのヘイトスピーチ

攻撃的言動として、頻発する現象としてのセクハラ／パワハラとならんで、社会問題化している代表例は、ヘイトスピーチでしょう。ヘイトスピーチとは、憎悪をひきおこし攻撃的言動を誘発するような言語表現などをさします[74]。

重要なのは、ヘイトスピーチの起点となる人物が、標的に対して憎悪（hate）をいだいている必要などない点です。いや、それどころか、だれか特定の人物なり集団に憎悪をいだかせようとか、攻撃的言動を実行させようといった悪意さえ不要なのです[75]。

ヘイトスピーチが、どんな社会的ウイルスがコアとなった発症例なのかは、よくわかりません。ただ、在日コリアンや韓国に対する敵意をあおる表現に「レイシズム系ウイルス」は確実に介在しているし、攻撃者たちに植民地支配についての反省のいろが欠落している点、歴史認識問題で無知・逆ギレ系の暴言が支配的である点で、「コロニアリズム系ウイルス」「厚顔無恥ウイルス」「忘却ウイルス」などが融合的に作用した発症例であることは確実です。ほかに「沖縄ヘイト」「アイヌヘイト」などでも、ほぼ同様でしょう。

性暴力被害を告発した女性への攻撃は、コアに「男尊系ウイルス」があることはもちろんですが、性的暴力の標的になった経緯については、かならずといっていいほど女性の外見（容姿・年齢・ファッション）など、エロティック・キャピタルが話題化します[76]から、「アンチエイジング系ウイルス」も介在していることは、ほぼまちがいありません。また、告発がフェミニズムで勇気づけられ

たケースがおおいため、攻撃者は当然アンチ・フェミ系の論難（基本的には不勉強か無知・かんちがい）をしかけてくるのが定石で、「アンチ思想的多様性系ウイルス」が介在している経緯がうたがわれます。

　障害者や貧困層に対する差別是正要求や、社会的弱者に対するヘイトクライム（ヘイトスピーチが「表現（＝精神的暴力／言語的リンチ等)」にとどまるのに対し、傷害をふくめた物理的暴力）への批判・告発に対しても、ヘイトスピーチはくりかえされてきました。「相模原障害者施設殺傷事件」（2016年）などでも、石原慎太郎もと都知事が「ある意味分かる」といった擁護論を展開したり、障害者就労支援施設を破壊する予告メールをおくって逮捕された男性、介護施設でくばられた脅迫や障害者支援施設への脅迫電話など、便乗ヘイトとでもよぶべき、反応が報じられています。そして、予想どおり、犯人を擁護し、批判者を侮蔑するヘイトスピーチがツイッターなどにながれたことも事実です[77]。

　かれらの攻撃性がなにをもとに主観的に合理化されているかといえば、社会ダーウィニズムなど広義の「レイシズム系ウイルス」と「独善的潔癖症ウイルス」あたりであり、ゆがんだ能力主義イデオロギーのとりこになったのは、「男尊系ウイルス」および「自業自得論ウイルス」の発症かと推定されます。

　入所者の家族はもちろん介護スタッフの過重な負担になっているだけ、といった独善的な人間観、殺害するかどうかの判断を意思疎通可能性で決したという福祉施設スタッフ経験者としては貧弱すぎるコミュニケーション観・能力観、社会に税金投入といった点から納税者の負担になっているだといった独善的断定などには、識者が再三指摘してきた優生思想がすけてみえます[78]。

そしてここには、「節約追求ウイルス」や「アンチエイジング系ウイルス」などによる攻撃性の合理化も介在していると推測できそうです。心身のインペアメントを、単なる物理的・生物的困難、それにともなう社会的負担とだけ位置づけているわけですから、現代版「棄老」「ホロコースト」思想と解釈すると、かれらの独善性がよく理解できるでしょう。極端にセクシスト的社会像をえがくなら、「社会は戦士と慰安婦だけの共同体として完結（永続をもとめないなら乳幼児・児童等も邪魔）」といったイメージでしょうか。

　ほかに、めだたないけれども、確実に存在する差別として、性的少数者や「ハーフ」差別など、ホモフォビアやゼノフォビア（外国人嫌悪）系のヘイトスピーチも無視できません。最近こそへりましたが、カミングアウトの有無にかかわらず[79]、男性同性愛者を侮辱する典型的呼称は「オカマ」「ホモ」というものでした[80]。ホモソーシャルな共同体から、性的搾取対象としての女性とは別個に、「非男性＝不適格者」として排除されるゲイたち。

　いわゆる「ハーフ」は、そもそも日本列島にはあたかも純粋な日本人がほとんどをしめていて、例外として「ハーフ＆ハーフ」的な存在がまざっているのだという非常に排外主義的なレイシズムのうんだ呼称です[81]。近年、タレントやスポーツ選手などとして活躍するようになったといっても、「日本人ばなれしたスタイル」とか「日本人ばなれした身体能力」といった、ファッションモデルやアスリートなどとして突出した存在だけをもちあげているにすぎず、「本当の日本人じゃない」意識まるだしなわけです。

　かれらが「準白人」だったり「準黒人」あつかいされているにすぎない現実は、ルーツそのものより外見が重要だという事実とせなかあわせです。その証拠に、在日コリアンやモンゴル人力士などア

ジア等にルーツをもつ定住者（力道山／大山倍達／横綱大鵬など戦後日本のヒーロー）について、国籍に執着したり無頓着だったり、恣意的なのです。一見して日本人と区別がつかなければ、つごうよく日本人あつかいし、ときに非日本人あつかいと、両極端なことでもわかります（モンゴル系の人気力士の浮沈etc.）。

ダルビッシュ投手や、室伏広治選手など、多数派日本人はご都合主義で、もちあげたり、おとしたりをくりかえし、しかも、なんら落ち度などないアスリートやタレントにヘイトスピーチをくりかえしてきました（大坂なおみ選手／水原希子さんetc.）。これらヘイトスピーチの根幹は、「本当の日本人じゃない」という恣意的なきめつけにあります。横綱白鵬も、理想の横綱像から逸脱したため、せっかく日本国籍を獲得しても、ヘイトスピーチの標的とし、他方では、自分たち日本人のナショナリズム・プライドを代表してくれるダルビッシュ投手や、室伏広治選手などには、いっさいもちださない卑劣さ。この姿勢の恣意性＝ご都合主義は、わすれてはなりません。

大衆は、「本当の日本人」判定の権限をもっていると本気で信じこんでいるのです。これは、安室奈美恵さんをもちあげる日本人が、米軍基地新設に反対する住民を「土人」などとヘイトスピーチの標的にもする二面性とせなかあわせです。沖縄人は、つごうにより「代表」化し、つごうにより「非国民」「反日分子」「中国のてさき」などと「判定」されてしまうのです。ここに、先述した「レイシズム系ウイルス」の発症をみないのは、不自然すぎるでしょう。

以上、ヘイトスピーチの本質を整理し、同時に複数の領域での攻撃性の多様性、発症の原因となりそうな社会的ウイルスの推定をしてみました。この解析も、前項でふれたセクハラ等、各種ハラスメ

ントの社会学的スケッチと同様、ヘイトスピーチがでがちなハイリスク領域や発生条件が整理できたとおもいます。

　民族的少数者や性的少数者などでないかぎり、標的になることはすくなそうですし、たとえば女性などは、自分たちが野卑な表現の標的にされていることに気づかないケースさえあるでしょう。女性が議場などでセクハラ野次に動転してしまったりする状況などは、それまで学校や職場が露骨なセクシズムで支配されていなかったことで、幸運にも無用なきずつきかたをせずにすんできた証拠でもあるからです。

　「女の腐ったようなヤツ」といった、ミソジニーを媒介した侮辱表現がありますが、「雌雄を決する」だの「雌伏の時代」だの、死語にすべき女性蔑視表現は、まだまだいろいろあります。そもそも、「女偏」の漢字が無数にあり、「男偏」がないにひとしいのは、漢文をものした科挙受験層など近世までの知識人が事実上中産階級以上のエリート男性だけだった経緯の反映ですし、たとえば「妙齢」といった美化表現自体、年少女性を一人前にあつかうはずがありません、という、女性の「有標性（markedness）」の典型例にあたるということです。国語科の先生などが「わざわざ」指摘しなければ、漢字文化圏がかかえるこれらの差別性に、女性の大半は一生気づかないのではないでしょうか？

　憎悪等攻撃性を誘発するとされるヘイトスピーチ。これら、表現者／「標的」いずれも無自覚な言語現象（ジェンダー的非対称性）なら、ことさら、ことをあらだてるまでもない、というこえがきこえてきそうですが、これらマイナーな問題だって、女性の尊厳を無意味にきずつける洗脳装置ではないでしょうか？　たとえば「嫉妬」なんて心理メカニズムは男性にも明白にあるけど、あたかも女

性心理特有であるかのような錯覚があったり、印象操作＝悪意があるのではないかとかんがえるのは、邪推でしょうか？

　それはともかく、「在特会」（在日特権を許さない市民の会）などヘイトスピーチの中心勢力は、「表現の自由」や「思想信条の自由」を根拠に、日本政府が規制にのりださずに、ずっと放置されてきたわけですし、規制法ができても罰則がないありさまですが[82]、ひとを合理的根拠なく罵倒・侮辱して不安がらせる自由など、保障される権利のはずがないのです。

　首相が街頭演説をしているところに、市民が退陣要求の野次をとばしたら警官に逮捕されたという事件が発生しましたが、そういった権力者の権勢はしっかりガードし、民族的少数者のように不安にみちた社会的弱者への攻撃に対しては、「憲法」の人権概念などをもちだして擁護するというのは、要するに弱者イジメに官憲が積極的に加担していることを意味しています。先年、筆者がヘイトスピーチの本質を「言語的リンチ」ではないか、と主張したのは、そういった意味でです（ましこ 2018b）。

　「強きを助け、弱きをくじく男たち！」（辛淑玉）とは、よくいったものです（シン 2000）[83]。ヘイトスピーチをくりかえすオトコたちの本質的な低劣さをするどくついているし、ハラスメントによってマウンティングすること（＝よわいものイジメ）しか自身の優位性を確認できないのではないか。そのようにしないと、不安にみちた自身の脆弱性をカバーしアイデンティティを維持できないのかと、憐憫さえ感じさせるものです。もちろん、標的となる社会的弱者は、たまったものではありませんが、前項でのべたように、ハイリスク領域を察知し護身術をみにつけ、わかい世代にワクチン接種をすすめるのが、自衛のためにも最善手かと。

そもそも、ヘイトスピーチは根源的に空疎な攻撃性でしかないのです。もちろん社会的弱者にとってはおそろしいし、孤立感によって不安にかられるでしょうが、合理的根拠が皆無であり、いずれ幻想だとバレてしまう宿命をかかえています。だからこそ、（ヘイトクライムのような物理的暴力ではないという現実を直視して）冷静に対処し軽侮できるよう、トレーニングをつづけてください（もちろん、無理のないペースでですが）。

　必要なのは、フェミニズムや社会学など知的護身術というワクチンの接種です。これら知的ワクチンは、社会的ウイルスに感染・発症するメカニズムを抑止するだけではなく、社会的弱者が勇気を維持し、動揺から解放され、つぶされないための栄養分ともなりますから。そうした、しずかな勇者の人生・言動は、立派なロールモデルとして、類似した社会的弱者を勇気づけるはずです。

4-2. 攻撃的言動の感染・発症メカニズムと、その抑止

4-2-1. ヘイトスピーチ／ヘイトクライム再考

　さきに、ヘイトスピーチ発信者には「憎悪」があるとはかぎらないと指摘しました。実際、攻撃された標的に対して発信者がなんら感情的実体をもちあわせず、単に金銭めあてで、たまたま標的をみいだしたケースがあるのですから、これは確実だとおもいます。

　同様に、一般に「ヘイトクライム」とよばれてきたケースも、攻撃者に「憎悪」があるときめつけるのはまちがいで、ない可能性がたかいとおもいます。重要なのは、端的に「あたかも憎悪にかられた復讐のように標的に攻撃がくわえられる構図がコピー犯罪の起点となる」というメカニズムだとおもいます。問題の根幹は、攻撃性

を惹起した原因ではなく、攻撃性の感染メカニズムと発症メカニズムであり、臨床社会科学的意義も、そこに集中すべきだとおもいます。

　たとえば、性暴力被害者へのヘイトスピーチやヘイトクライムは、いかなるメカニズムで発生しているのか、実際に犯行が実行されるまでに、どのような感染ルートと発症メカニズムがあったのかの特定です。

　日本で発生したジャーナリストの伊藤詩織さん（1989–）へのヘイトスピーチのかずかずは、ミソジニーが基軸であり、付随してアンチ・フェミニズムがみてとれるでしょう。南アジア各地や保守的なイスラム圏で頻発している性暴力被害者への親族男性による殺害事件も、やはりミソジニーなしにはかんがえられません。ここでは、現代日本社会に直結する、伊藤詩織さん事件に焦点をあててみましょう。

　ここでとりあげる問題は、伊藤さんが事件当時に体験したむごい暴力の実態とは無関係です。伊藤さんが告発本（いとー2017）を刊行してからこうむった異様な攻撃は、おもに2系統に分類されるとおもわれます。

(1) いわゆる「枕営業」などの邪心があって有力者に接近したことの自業自得で、告発本も売名行為にすぎない（伊藤さん＝魔女論）。

(2) 伊藤さんに訴えられた山口もとTBS政治部記者は「枕営業」攻撃の被害者とおもわれ、すくなくとも、性暴力の加害者だという物理的証拠は不充分で起訴などは困難だ（推定無罪原則遵守論）。

どちらも、その後の報道等でもちだされた根拠のうすい暴論です。はげしいバッシングをくりかえすことで伊藤さんひとりをわるものにしたてあげたいという印象操作でしかないことがあきらかだったので、具体的検討は全部割愛します。

　問題の本質は、検察など公権力が事件化しないこと（不起訴処分）におとしこもうと懸命に工作をくりかえしたらしいことと並行して、ヘイトスピーチの大半が前者（1）にかたよっていた印象にあります。理由は単純で、後者（2）はホテルがわが提出した監視カメラ映像など、物理的に特定できる情報があまりなく、当事者のあたまごしに無責任に野次馬をやらかせるのが前者だったということだとおもいます。つまり、性暴力被害をうったえる女性を仄聞（そくぶん）と憶測だけで無責任に冤罪加害者だとバッシングし、印象操作に加担できるという集団リンチをたのしんだわけです。

　ここで冷静にふりかえればわかるとおり、攻撃者たちの山口もと記者擁護論もふくめた伊藤詩織さんへのバッシングには、記者に対する連帯感だとか、被害者の告発に実害をこうむったがゆえの復讐心といった、「憎悪」などかけらもありません。いいかえれば、告発者への疑念が無根拠に冤罪論を浮上させ、真剣にウラとりなどされずに「真実」をいいたてる攻撃者が有名・無名をとわず無数にわいてきた。伊藤さんにぶつけられた悪罵のかずかずは「ヘイトスピーチ」の典型例として記録されていくでしょうが、そこに、実体としての「ヘイト」など微塵もありません。

　実際にあるのは《冤罪疑惑を感じるから正義を行使しなきゃ》という自称正義感。憶測するに、そこにある心理は、自分よりあきらかに知名度等、諸資源にめぐまれてみえる女性が、「有力記者らしい男性を窮地においこんでいるらしい」というスキャンダラスな設

定に接して、うらやましい、くやしいという無意識。それと、これも無自覚でしょうが、フェミニズムをはじめとする弱者救済論に対する反発・反感にほかならないでしょう。伊藤さん個人が、攻撃者たちに具体的になにかやらかしたような事実は皆無であり、かのじょを攻撃するエネルギーはすべて妄想をみなもとにしています。

すでに、2章の小仮説3「社会的ウイルスは攻撃を正当化したい宿主に寄生し発症させる」という問題提起をしましたが、伊藤詩織さんバッシングは、まさにこの典型例にみえます。かのじょは、フェミニズムをはじめとするさまざまな弱者のがわの主張をにくんでいる層の標的と化したのだとおもわれます。

おそらく「男尊系ウイルス」と「アンチ思想的多様性系ウイルス」の両方に感染し、男権社会の利害があやうくなりかけているとか、自分たちが信じてうたがわなかった性的搾取をはじめとするミソジニーのかずかずが全否定されようとしている風潮に全身で反対したい層が、人口のすくなくとも数%は潜在している。そのなかの、ごくわずかがネット右翼として、ツイッター等にあふれだし、それを代表するかのように評論家だの女性政治家などが露出する（テレビ局等もふくめた「厚顔無恥ウイルス」の発症例）。そういった構図だったのではないでしょうか[84]。

実際には、感染経路をたつのは、比較的簡単なはずです。うすぎたない罵倒などがはびこらないように、SNSやコメント欄などに規制をかけて暴走させない。暴論を展開してしまうことがあらかじめわかっている「自称評論家」「自称ジャーナリスト」等を登用しなければいいのです。ここで「表現の自由」だの「思想信条の自由」だのをもちだす「言論人」「法律家」などは、本来はおなじ論理でブーメラン効果が直撃して自浄作用のすえ「退場」すべき存在

だとおもいます[85]。ナチズムを公的空間に表出できない現代ドイツがあるように、科学的根拠をもたない弱者攻撃が「表現の自由」だの「思想信条の自由」等を根拠にもちだすのは、そもそも論理破綻なのです[86]。

10代をはじめとするわかい世代への悪影響はどうでしょうか。すでに指摘したように、ヘイトスピーチ／ヘイトクライム双方は、標的への復讐心などは基本的にないのですから、動物行動学でいう、攻撃性の「解発因」（「生得的解発機構」の一部）などを整理することによって、攻撃者を無用に刺激しないことが自衛上大事と、教示する必要があるかもしません。

同時に、自分の攻撃性を弱者にぶつける構図（イジメほか）は自然な欲求でなどなく、大小はあれど犯罪性をおびること[87]。犯罪性をおびる言動を、「バレないようにやりすごせば問題ないのだ」「被害者がだまりこみさえすればいいのだ」といった論理的逃避にはしる層は「よわむし」であり倫理的クズなのだ（つまり、生存のために必死にいきている動物と異質な、非常に低劣な存在[88]だ）と、なっとくさせることこそ、真の倫理教育なのだとおもいます[89]。

高校生以上の知的な層には、少々高級なワクチンを投与する価値もありそうです。かれら／かのじょらは、20代で集団のリーダー格ないしゲームメーカー的存在になる確率がたかそうだからです。性暴力事件の加害者のような卑劣な男性（一部は女性）をひとりでもへらすためには、ミソジニーを発症させないよう、ウイルスの感染・発症メカニズムにくわしい人物がひとりでもふえる必要があります。

たとえば「男尊系ウイルス」の本質として、「戦士」と「非戦士」の身分秩序みたいな発想がなぜうまれるのか。その不当性（論理矛

盾や不自然性）はどこにあるのか。発症ケースとしての、広義のイジメは、どういった偽装をこらして暴力性を合理化＝正当化するのか。暴力性のエネルギー源と具体的攻撃として発症するときの、時間・空間のズレは、なぜおきるのか。そして、それはどのように不当・理不尽そのものなのか。

　ちなみに、このような高級ワクチンについても、現代思想などの一見エレガント風にうつるモデルは不要、あるいは有害無益におもいます。知的な生徒が「高級ワクチンを受容できる柔軟な感性」とか「高級ワクチンを理解できる優秀な頭脳」といった、カンちがいした優越感をかかえる危険性を誘発するからです。「欲望のコピー」だの「ラカンがどうだ」とか不必要なモデルを動員せず、簡明にメカニズムを解説することが肝心です[90]。

　たとえば、暴力性のエネルギー源と具体的攻撃として発症するときに、時間・空間のズレがおきるのは、攻撃者自身が標的だった時代が過去にあるとか、異議申し立てのまどぐちが事実上なくて憤懣（ふんまん）をはらしようがなかったなど、過去の被ハラスメント体験や理不尽な不遇、あるいは周囲の説明不足による誤解・錯覚などがあって、「負のエネルギー」がマグマ化している。つまり、圧倒的脅威として君臨するがゆえに到底はむかえない。ないし「世間」など「あいまいで不可視の存在」であり、「復讐」すべき敵（的）が特定できない。このように「復讐の禁止ないし無効化」が、加害者の黒歴史としてある。イジメの標的とは、攻撃者にとっては「解発因」みたいに攻撃の「リリーサー」にみえるものがあるけれども、その合理的根拠など当然なくて、攻撃があたかも「誘発」されたかのように恣意的に発症するだけだと。被害者には基本的に「おちど」などなく、攻撃の大半が理不尽であることは、このようにして発生してい

るだけなのだとおもいます。

　伊藤詩織さん事件の加害者にどのような不幸な過去があったのか
はしりませんし、あの責任転嫁に終始するかれが、本気で性暴力矯
正プログラムに参加するとは到底おもえませんから、加害者がわの
具体的解析にはふみこみません。ただ、かれのような性暴力にかぎ
らず、攻撃性の時間・空間差は、つぎのような戦慄すべきメカニズ
ムを浮上させるということです。安冨歩さんらが提起した「ハラ
スメントは連鎖する」というメカニズム仮説[91]がただしいなら（や
すとみ／ほんじょー2007）、薬物依存同様、完治はかなり困難だろうし、
あれだけ擁護論が噴出したミソジニーにあふれた日本列島では、薬
物などを悪用したコピー犯罪がなくならないだろうということです。

　第一には、かれに浮上しなかった余罪などがあるかどうかはとも
かく、あれだけ保身のために責任転嫁をくりかえした以上、少々ち
がった状況であれ社会学的密室を確保できてしまえば、また類似し
た犯行をくりかえしかねないということです（くりかえしになりま
すが、すなおに性暴力矯正プログラムに参加するほど反省しそうに
ない）。ネット右翼おとくいの「一生でてくるな」論や「ICチップ
うめこんでGPSで監視しろ」論からすれば、かれのような有名人
でも適用すべしという結論になるはずです。なにしろ、性暴力犯罪
の再犯率はたかいのですから。

　そして、かれが刑事罰をにげおおせ、民事的制裁をうけても社
会的に制裁がこの程度ですんでしまい、数年後なにくわぬかおで
メディア等に復活するなら（芸能人のばあいは、かなりの攻撃が
あるのですが）、「風化さえまてるなら、有力者はほうむりさられな
い」（＝社会的地位を確立し権力者と懇意になるのが最大の自衛）
といった人生観・世界観を、「有能」なわかものにコピーさせるで

しょう[92]。だからこそ、10代でのワクチン接種が重要なのです（実際、性教育の不可欠の要素となります）。

　攻撃性の時間・空間差は、性暴力被害としては認知されなくても、家庭内でのDVや性的児童虐待、あるいは性風俗などでの「発散」などとしても、解析しておく必要があります。たとえば、上野千鶴子さんは、ミソジニー論の代表例『女ぎらい』で、奥本大三郎さんの議論などを参考に、いわゆる「女郎買い」などを吹聴した永井荷風（1879-1959）や吉行淳之介（1924-1994）などの女性観を徹底的に批判しています。

　吉行が、さえないサラリーマンがいきづまって娼婦のもとにいき「憤怒に似た感情」をぶつけるシーンを、上野さんは、

> 「憤怒に似た感情」を抱いたときに、それをぶつける便利な相手として娼婦がいる。……吉行にとって女は、それに抗するどころか、どこまでも受け入れ、やがてそれを自分の快楽に変えてしまうつごうのよい存在だ。自分の怒りや鬱屈のゴミ捨て場として求めた女が、それをみずから求めて享受すらしてくれれば、男は罪の意識を感じずにすむ。そして相手の女が「苦痛の替りに歓喜の声をあげ」たときに、「なんてこった、女は化け物だ」と、女は未知の領域へと放逐され、二重に他者化される。　　　（うえの2018：17）

と、のべています。上野さんは、「歓喜」という吉行の解釈自体、客商売上の演技かもしれないと（同上：18-19）と冷酷です。たしかに、これらオトコたちにとってだけつごうのよい幻想である可能性は非常にたかいとおもわれます。

　それはともかく、ミソジニーの被害者は、伊藤詩織さんのような

特定個人が標的化するばあいもあるけれども、セックスワーカーなど社会的弱者や、親密圏での親族・パートナー、指導者の用意した密室にさそいこまれた練習生など、広義の知人関係で無数に発症しているだろうと推測できます。そして、そこでの暴力性は、攻撃性の時間・空間差として、過去ないし近過去の屈辱等不愉快な体験の復讐劇（象徴的な「処刑」）として、犠牲者がでているのではないかと。つまり、単純にハラッシー（被害者）が後年ハラッサー（加害者）となるという構図にとどまらず、そして狭義の性暴力にかぎらず、ミソジニーなどウイルスの発症は、時間差で発生し、しかも標的は、攻撃性の原因とは完全に無関係で、かつ無抵抗な弱者がえらばれている、という理不尽きわまりない恣意性がみてとれるということです[93]。

　だからこそ、ミソジニーをはじめとした社会的ウイルスの感染抑止は早急に着手されねばならないし、特に10代が肝心だということは、おわかりいただけるとおもいます。当然、中学・高校の教員層の意識改革はもちろん、具体的研修だけでなく、性教育・保健体育をはじめ、公教育カリキュラムを抜本的にかえねばならないはずです（ましこ2019）。そのまえに、大学でこそ、まずは「補習授業」を着手しなければならないこと、教員養成課程の改革が不可欠であることは、もちろんですが。

4-2-2. 逆差別論など相対的剥奪意識からうまれる反動

　近年では「在特会」などに典型的ですが、《弱者だといつわって特権をむさぼる連中が暗躍している》といった被害者意識がめだつ印象があります。これらの主張のほとんどは、「いまどきの連中は〜」[94]といった、本質主義的（極端な一般化による）ステレオタイ

プと同形で、被害妄想です。

1985年に男女雇用均等法などを制定しなければならなくなったように、さらに、いまだに日本では女性の所得や社会的地位が国際比較で低位のままという現状でもわかるように、ミソジニー列島は「健在」です。「戦後、強くなったのは靴下と女」といった自虐表現（現在は死語）は、おそろしくひくい基準と比較して女性の地位がひどくあがったかのような錯覚であり、既得権に無自覚な層のミソジニー感覚の被害妄想でした。

2019年の韓国との外交問題では、徴用工問題に対抗して「フッ化水素」等の輸出における、「ホワイト国」の指定解除を政府がきめたりしたことに対して、日本の右派は安倍政権の姿勢をつよく支持しました。これも《「ホワイト国」など特別あつかいしてやっていたのに、歴史認識問題などで不当判決や不買運動で対抗したきたけしからん隣国にお灸をすえてやるのだ》といった論調でした。

これら自称「愛国者」の心理に共通するのは、相対的弱者に対して、《ものすごくゆずってやっていたのに、図にのって、あつかましい要求をだすようになった。飼い犬に手をかまれた》といった後悔の念でしょう。要するに、本当に優位にあるものなら絶対くちにしないような、あさましい不平・不満という、知的反動です。イヤミをいうことでしか優位性を確認できないような、なさけない卑怯さ、あせりが露呈しているわけです。

しかし、これらの知的反動は、たとえば医学部入試で男子受験生をコソコソと優遇する大学人や、アフリカ系や女性をあからさまに昇進で不利にあつかうアメリカ社会など、露骨な差別として、まだまだ払拭されていません。「男性」や「白人」など相対的優位にとどまるがわは、既得権死守のため種々の卑怯な手法を駆使しては、

自派の利害を優先するわけです。制度の私物化による攻撃性といってさしつかえありません。

　この不当な構図にあっては、既得権死守派が自浄作用を自発的にはじめることは絶対にないといって過言ではありません。「レイシズム系ウイルス」にしろ、「コロニアリズム系ウイルス」にしろ、「男尊系ウイルス」にしろ、攻撃性は合理化されるだけで、抑止はすすまないのが普通です。したがって、女性、民族的少数者、野党、労働者など、あらゆる劣位にある存在は、人権・正義等の普遍性を主張してひとつひとつ差別をうちやぶるしかないのです。実際、歴史上、これら少数者の相当数が権利獲得を蓄積することで、21世紀の現在があるわけです（現代日本の母子家庭の過半数が貧困層であるように、現実は、まだまだ低レベルですが）。

　したがって、劣位にあるがわは、自分たちの後輩たちが優位者たちから洗脳をうけて敵がわにとりこまれる「同化吸収」圧力に不断に注意をはらわねばなりません。当然、攻撃性のつよい知的病原体の感染を、わかい世代にひろめないよう、ワクチンの生産・提供にいそしむ必要があります。すこしでも油断すれば、「反動」はつねにおきうるし、せっかく獲得された権利があっというまに雲散霧消してしまうことさえあるのですから。社会的ウイルスの感染経路をつねにさがし、遮断し、弱者たちへの洗脳を縮小させつづけねばならないのです。

　そして、多数派・有力者たちによる「逆差別」論にも、適宜・的確な反撃をしなければなりません。なにしろ、既得権をもつがわは、つねに優位にあり、「ゲーム」が展開するアリーナ（闘技場）の「ルール」を支配しているからです（ましこ2007）。しかし、「ルール」とされている既存のやりかたの矛盾をつき、「できレース」に

なっている体制を修正させることに成功すれば、一歩一歩確実に前進できるのです。

　そのためにも、「後輩たち」に、くりかえし「これまでのルールはゆがんでいて、つねに有利なたちばをたもてる連中がしきっている」と矛盾の証拠を実例でしめしつづける責任があるのです。責任をはたさねば、自分たち世代がたくわえた蓄積もけされてしまう危険性がおおきいのですから、「なさけは、ひとのためならず」です。

　そのためにも、ウイルスの伏在に敏感に気づけるセンサーをにぶらせないよう、ワクチンの更新と知的緊張、そしてそれを維持できるトレーニングにつとめたいものです。

4-2-3. SNS など ICT の急伸で悪化した承認欲求と知的視野狭窄

　最後に、21世紀的な社会の加速化・流動化現象がらみの攻撃性の連鎖をとりあげておきます。

　元恋人の復讐としての「リベンジポルノ」や、イジメ現象の「学校裏サイト」などによる悪質化として、あるいは学生アルバイトなど非常勤スタッフによる不適切動画の流出など、あらたな社会問題が頻発しているのは、ごぞんじのとおりです。これらがSNSなどICTの急伸なしで悪化したはずがありません。

　動画サイトや検索エンジンは、便利さの象徴で、ひとびとをゆたかにしたと信じられていますが、発生した膨大な事件など悪影響の結果を質的・量的に検討するなら、功罪あいなかばとしかいいようがないでしょう。倫理的に問題のある人物・集団が軽薄な発想を軽率に実行したり、犯罪者予備軍的存在が悪事決行するコストがおおはばにひくくなって大小深浅さまざまな暴走が発生したのですから。

一度生産・発信されてしまった情報はどんどん複製できてしまうため、「悪事千里をはしる」ではありませんが、被害者のこうむる損害は空間的にも時間的にもはかりしれない質・量になってしまいます。低コストで最大の効果があがるとほくそえむ小悪党たちが急増すると同時に、あとさきを冷静沈着に熟考できない人物たちが、無責任な逸脱行為を大量にやらかします。「バカッター」とは、よくいったものです。自由主義社会ゆえ個々人に愚行権があるとはいえ、他人に不利益をあたえる権利などありません。SNS業界の責任者たちは、損害発生を回避する責務をもちます（厚顔無恥ウイルスに感染していそうなので、反省などできそうにありませんが）。

　いずれにせよ、現実的には、これら非常にこまったアナーキーな構図がおさまらない以上、SNS等が有害な知的病原体をまきちらす感染経路なのだと自覚し不断の注意をはらうかたちで自衛するしかありません。同時に、SNSの管理責任者にきびしく責任をとうよう政治権力に強力な圧力をかけねばなりません。有害情報は、すみやかに削除です。

　もちろん、権力者たちの暴走や隠蔽工作にも不断の監視を維持しなければなりません。そして、学校では、「バカッター」などがひとりでもへるよう責任の重大性をとき、もちろんワクチン接種（混合ワクチン）を強化しなければなりません。既存の受験準備や資格試験対策などより、ずっと重要なのですから。

　感染経路を可能なかぎりへらし、科学的で冷静な感覚を確保するためにも、性教育や政治経済批判など、既存の政治体制がイヤがるような、ふみこんだ啓発が不可欠です。ワクチン接種を邪魔してきた独裁体制や、ハイパー独裁（マスメディア等が自由主義にもとづいているという錯覚）は、基本的に偽善的・欺瞞的な洗脳を陰に陽

にくりかえしてきたわけですから、現状の公教育のカリキュラムは
もちろん、指導者の知性・品性も全面的に更新する必要がありそう
です。文教官僚・文教族議員にそんな自浄作用は期待できませんか
ら、かれらの暗躍をこわしながら改革をすすめ、みえづらい洗脳体
制をくずしていく必要があります。

　あの東日本大震災をへてさえ、御用学者とヒラメ判事が原発再稼
働をすすめたぐらいですし、「教科書をうたがえ」論は歴史修正主
義（歴史捏造主義）者たちの専売特許的な論法なので、変革は非常
に困難です。形式的に議論をしたつもりの錯覚だけをはびこらせた
「（空疎で形式的な）ディベイト」などではなく、科学的思考とはな
にかを、中高生から徹底的にトレーニングする必要があります。既
存の教育現場のままでは、無理でしょう。

　しかし同時に、わかもののスマホ依存は、ゲームなどだけではな
く、同級生や先輩・後輩関係など、学校等のピアグループにおけ
る人間関係への依存の産物でもあります。そもそも、GAFA（ガー
ファ＝Google, Amazon, Facebook, Apple）に代表される商業主義
は、基本的に「依存症ビジネス」をベースにしているのであり、わ
かものの承認欲求[95]などを最大限に活用して商機を維持する姿勢に
終止します。糖質依存やアルコール依存、ニコチン依存などと並行
して、市民の時間をうばうことこそ、ビジネスの根幹なのですから、
その魂胆をみぬき、依存症にならないように自省／自制しなければ
なりません。

　ただ、そもそも自己肯定感がひくいなど自分が不安をかかえてい
るからこそ、承認欲求など、つけいるスキを構造的にあたえてし
まっている若者は、基本的に情報弱者です。「バカッター」などは
もちろん、無差別テロ事件でさえも承認欲求をもとめた暴走である

ことがしられている現在、GAFAら「依存症ビジネス」業界の規制だけでなく、わかものの将来不安などを改善して、スマホ依存などの素地自体をへらしていかねばならないでしょう。そうでなければ、悪意をあおる知的病原体のパンデミックは発生しても、沈静化はのぞめません。

　日韓で、右派同士が国民感情をヒートアップするような愚行におよばないことはもちろん、両国政権が国内政治の不満をひずんだナショナリズムにみちびくような暗躍をゆるしてはなりません。自由主義者をうそぶいて、異文化の信者を挑発したり侮辱するような言動（フランスでのイスラム教徒を嘲笑する意図で発表された風刺画など）は、刑罰をふくめた抑止が必要でしょう。もちろん、科学や事実にもとづかない誹謗中傷などを、愚行権の行使のような自由主義にまぎれこませてはいけません。

　本来は中学高校で、これらオトナたちの愚行を冷静に客観視するトレーニングをおこなうべきなのですが、現状ではできそうにありません。やはり、高校などでの実験的とりくみ以外では、大学が率先して市民教育を維持する責務があるでしょう。科学的知見にのっとり、偏見・感情にまかせた本質主義的排除や攻撃などをしないですむよう、ワクチンを接種するのです。そうしないかぎり、市民は、たかくない自己肯定感につけいられてポピュリストに簡単に操作されてしまうでしょう。

　ネット右翼が典型例ですが、無内容なコピーペーストをくりかえし、愛国者としての善行をつみかさねているような錯覚を、エコーチェンバー現象としてくりかえすかれらの発症状況。かれらの自己承認欲求のはけぐち、依存さきが、国内外の連帯と友愛に有害無益な作用をもたらしてはならないわけです。かれらの、あやまった自

称「愛国心」の暴走を抑止するためにも、感染者をひとりでもへらし、発症がへるようファイアウォールをひろげていかねばなりません。かれらの視野をひろげてエコーチェンバー現象から解放するのは、非常に困難でしょうから。

　だからこそ、10代へのワクチン接種が不可欠だし、中学高校の校長が「日の丸」「君が代」などを強要するなど、御用機関化してはならないわけです。教育委員会が教科書採択に介入などしてはならないし、文科省が教科書会社に忖度をもとめるような、独裁国家的統制をしてはならないのです。

　政府の意向にそうような公式見解だけがゆるされるといった、独裁体制的で非科学的な認識から解放され、自由に体制批判が可能となり、中国に悪罵をぶつけるエネルギーという浪費ではなく、おかしな要求ばかりしてくるアメリカ政府に正論をかえして批判を展開する政府を代表者としてえらぶような時代をつくらねばなりません。

　現状の、到底「うつくしいとはいえない祖国」。それは、おしつけられた現行憲法などのせいではなくて、アメリカ政府の支配のもと治外法権状態にある主権の屈服という、植民地状況の産物です。そこからの解放、ストックホルム症候群を呈していた戦後体制からの脱却こそ急務です。

　既存の右翼の幻視した「日本の独立の回復」ではなく、真の自立。しかも軍事的に自立するといった方向性ではなく、他国に左右されず世界の友好関係のかけはしになれるような、アジア太平洋戦争という破綻後の反省にそった「原点」に回帰する。処刑されたA級戦犯にだけ責任転嫁したり、靖国合祀で名誉回復したかのような錯覚から解放される。「北方領土」などを返還されたら、レコンキスタが実現するといった無意味な思考停止から卒業する。1972年

の「沖縄返還」で悲願達成などではなく、米軍基地の一掃＝植民地状況からの脱却こそ、真の、つまり戦後75年清算できなかった「負の遺産」の返済なのだと。

　要するに、アメリカに「抱擁」されてみうごきがとれない状態から解放され、マインドコントロールから脱却できるような、「真の戦後」を獲得するということです。ネット右翼にとどまらず、「国益」幻想に思考停止した日本国民の覚醒こそ、この列島のエコーチェンバー現象の消失なのです（ましこ2017）。

　そのためにも、「コロニアリズム系ウイルス」など、さまざまな知的病原体に感染して、有害無益というほかない現状＝発症構造にきづかねばなりません。

注

62 『社会学のまなざし』（ましこ 2012）

63 牟田和恵『部長、その恋愛はセクハラです！』は、その表題自体が、管理職の年長男性が地位の優越性ゆえに錯覚をおこし、社内恋愛という不適切な関係を正当化し、しかも内実は女性がわが 100％甘受した男女関係とはかぎらないために、関係破綻などにより、結果的に後日セクハラとして意味づけられる構造をしめしています（むた 2013）。

64 セクシュアリティとしての男女と両性具有、性同一性としてのシスジェンダー／トランスジェンダー、性的指向としての異性愛／同性愛／両性愛／無性愛などが最低でもあげられますから、これに加害者／被害者をくみあわせれば、数十の「順列」を計上する必要があります。

65 児童性虐待者に関しては「加害者の 99％が男であり、被害者は約九割が女児、一割が男児である」という概算があります（うえの 2018：97）。

66 男子高校に着任した女性教員へのセクハラ・性暴力というモチーフは、ポルノビデオの定番ですが、そういった妄想系のフィクションと別次元で、男子校で「密室」としての教室に女性が単独で授業等を展開するというのは、そもそもハイリスクなのです。授業は基本的に複数の教科担任によって維持されるべきだし、教室内でなにが展開しているのか、外部からすぐにチェックができるような建築にしない方が、むしろ奇妙です。

　社会学者ジョージ・リッツァが提起した「マクドナルド化」の構造が公教育にもしみわたり、対人サービスのマスプロ化、省人化がいきすぎている現実に鈍感なのは、現代日本が OECD 諸国のなかで最低水準の教育予算しかさく余裕がなくなっているからだとおもいます。男子校にかぎらず、40 人学級を 1 名で授業運営して当然のような粗雑な精神＝養鶏場的なつめこみを前提にした教育政策は、ハイリスク空間を遍在化させていると。

67 もちろん、ダークな組織空間は、ハラスメント体質を内部にかかえているだけでなく、矛盾を「外部」にシワよせすることが、すくなくありません。たとえば、正規職員スタッフが男性ばかりの企業が、事務処理等を特化した単純業務と位置づけることで、派遣社員を大量に「外注」するケースがしられています。派遣社員の業務を低賃金におさえるメリットだけではなく、派遣されてきた女性スタッフにヤツあたりしたり、セクハラをくりかえしても、女性たちが不安定雇用のために、なきねいりすることが常態化するわけです。男性社員たちは、パワハラやセクハラを理由に自分たちが解雇されたりする可能性がほとんどないことを熟知したうえでハラスメント＝犯罪体質をこじらせているという構造です。就職活動は、女性はもちろん、男性も、こういった悪質な企業体質にでくわさない、リスク回避運動でもあるわけです。企業のばあい、パワハラの温

床はセクハラの温床にもなりそうで、その相関はたかいはずですから。

68 たとえば、教育委員会や校長等は強制収容所の役人同様、自分たちの犯罪性に無自覚なようですが（人員不足など職場環境への責任転嫁）。未経験のスポーツであっても教員に当然のように顧問として生徒を「指導」させるとか、土日にほとんどてあてを支給せずに引率させ、責任をもたせる等、労働法上、民間企業なら完全に違法な処遇がまかりとおってきました（「公立の義務教育諸学校等の教育職員の給与等に関する特別措置法」）。つまり、教育委員会や校長等は教員採用試験受験者に対して詐欺的なふるまいを無責任にくりかえしているだけでなく、充分な責任などとりようのない無能な教員に部活動指導を代行させている点で、保護者たちにも欺瞞的な姿勢をとおしていることをしめしています。まともな神経なら、とてもできないようなヤクザ的姿勢を公立学校が半世紀以上くりかえしてきたわけですから、おどろくべきことです（うちだ／さいとー 2018）。

69 「推定無罪原則」は、警察権力・検察権力による不当なとりしらべなどを抑止するために、さけられない原則です。しかし、それが性暴力被害など「社会学的密室」でおきる犯行をとりにがす、おおきなぬけあなになっていることも、残念ながら現実です。一方、警察などが「自供」にもとづく「調書」をもって証拠がわりにし、それを検察・裁判所が信用してきたからこそ、冤罪もおきてきたわけで、巨大権力が暴走するときには冤罪も辞さないハイリスクな状況証拠のみの起訴・有罪判決がまかりとおる以上、「推定無罪原則」は恣意的に伸縮してしまいます。非道になかされるのは、いつも弱者です。

70 親密圏であるがゆえの「家族の暴力」の危険性については、信田さよ子さんの『DVと虐待』が先駆的作品かとおもいます（のぶた 2002）。男性の暴力性としてのメカニズムの概説については、中村正さんの研究動向紹介が簡明です（なかむら 2008）。

71 しばしばハラッサーは、被害者をマインドコントロールすることで、社会学的密室を物理的条件なしにリモートコントロールすることさえできます。アメとムチ（安堵と恐怖）を巧妙につかいわけることで、ハラッシーを精神的に支配し、ハラッシーがハラッサーからはなれがたいと錯覚＝思考停止させることにさえ成功するのです（「トラウマティック・ボンディング」）。特にハラッサーがサイコパス（精神病質）タイプのばあいは、悪魔のように巧妙に支配が維持されるメカニズムが形成されるようで、その壮絶な体験のごく一部だけでも確認したいなら中島幸子さんの『マイ・レジリエンス』が好適かと（なかじま 2013）。

　　サイコパスについての概略については、なかの（2016）など。

72 　星 一徹（ほしいってつ）は、梶原一騎原作・川崎のぼる作画の野球漫画『巨人の星』に登場する架空の人物で、主人公である星飛雄馬

の父である。 （ウィキペディア「星一徹」）。

　暴力的といえるパターナリズムからうまれるスパルタ教育の代表的キャラクター。スポーツ根性もの作品（マンガ・アニメ）を象徴するキャラクターとして、後年ギャグの対象となってきました。

73 労働災害の統計的経験則である「ハインリッヒの法則」と、その応用例である医療界での「ヒヤリ・ハット」の可視化・統計化にならうなら、広義の家庭内暴力やハラスメントは、事件化したものだけが表面化していると。その暗数の全容は専門家も推定しきれていないはずです。

74 音声である必要はなく、モジはもちろん、たとえば有名なディストピア小説『1984年』（G. オーウェル）に登場する「二分間憎悪」（Two Minutes HATE）で「テレスクリーン」に展開する動画などもふくまれます。

75 極端なはなし、AI が自動的に作成したメッセージが原因で、憎悪と攻撃的言動が誘発されたら、そのメッセージはヘイトスピーチの一種です。実際、アメリカの政治動向になど全然関心のなかったマケドニアの少年たちが、こづかいかせぎの目的で作成したフェイクニュースが憎悪と攻撃的言動を誘発したように、憎悪はもちろん悪意さえ不在でもヘイトスピーチは成立します。そして、AI がヘイトスピーチ・ヘイトクライム等を誘発する時代も早晩やってくるはずです。フェイクニュースの拡散メカニズムの基本構造については、ささはら（2018）参照。

76 都知事候補へのセクハラ・ヘイトスピーチの事例（2016年）もそうでしたし、伊藤詩織さん事件（2015年）では、被疑者がわ・メディアによる、下着など着衣についての執拗な着目が話題化しました。自分たちの下賤な興味関心をぶつけても、性暴力被害者を窮地においこむセカンドレイプを正義と錯覚する男性たちが、なくならないことを証明しています。かれらは、裁判や記者会見など公的空間でも、自分たちのセクシストぶり＝「男尊系ウイルス」＋「厚顔無恥ウイルス」発症をさらしていることになります。

77 「@tenka333 くっさいくっさい偽善者がリプ送りまくっててワロタンゴ www ｗｗｗｗｗｗｗｗｗｗ www お前は正しいことをした、胸を張っていいンゴ w
声なき声に力を。」
― なんJの王【ハッセ】(@CHIBAKENMA_AGU) 2016年7月26日
（「【相模原19人刺殺事件】Twitter で犯人・植松聖に称賛・同情の声を送るアカウント達…犯人の思想に共感！？」『PIXLS』2016/07/31, https://pixls.jp/i0000523）
「testroy
@yuiAs5
この人が殺したのは電車の中であーうーあーーってやってる奴の数倍酷い状態の「モノ」であるっつーことを知らない人が多いんじゃないか。

殺されてからいい子でしたアピールは本当に腹が立つ。大多数の親が実名報道を嫌ってるのは自分が「障害者の親」って思われたくないからだろ。
＃植松聖

午後 11:16 · 2020 年 1 月 11 日 · Twitter Web App」
(https://twitter.com/yuiAs5/status/1216000953549090816)

78 ただし、「植松被告は優生思想もヘイトクライムも知らなかった やまゆり園事件から 2 年」(『AERA』2018 年 7 月 16 日号) などの指摘があり、「津久井やまゆり園の元職員で、専修大学講師 (社会思想史) の西角純志は拘置所にいる被告 A と面会を続けている。西角はやまゆり園の職員として 2001 年−2005 年の間、亡くなった 19 人のうち 7 人の生活支援を担当していた。津久井やまゆり園の事件の背景には、被告自身の優生思想やヘイトクライム (憎悪犯罪) があるなどと言われているが、西角は面会を通して、被告 A が優生思想もヘイトクライムという言葉も、ナチスが障害者らを大量殺害した「T4 作戦」も知らなかったことがわかり、事件後の報道や差し入れられた本などで知識をつけ、結果的にそれを自ら犯した殺人を正当化するのに利用している」(ウィキペディア「相模原障害者施設殺傷事件」) といった記述もでています。

つまりヘイトクライムは、はっきりとした物理的な「学習」過程の産物とはかぎりません。ただ、歴史的知識や思想史上の系譜についての無知があるからとして、知的病原体の伝染がないという推定は無理があるとおもいます。さらにいえば、「ヘイトクライム (憎悪犯罪)」という自明視は「ヘイトスピーチ」同様、錯覚を誘発している可能性があるとおもいます。「相模原障害者施設殺傷事件」の被告もそうですが、かれには独善的な「義憤」はあっても、「憎悪」などはなかったのではないかと、おもわれるからです。標的となった傷害者たちに独善的な憐憫などはおぼえても、にくしみなどは存在しないとき、「ヘイトクライム (憎悪犯罪)」とよんで適当なのか？ おそらく加害者がおぼえた自称「義憤」も、偽善的な大衆社会・福祉制度、といった既存の体制へのいきどおりであって、論理的には、オウム事件の松本智津夫がとなえた「ポア」概念と通底する、「安楽死」のかわり、といった正当化がなされているとおもわれます。これは、ユダヤ系市民を悪魔化したナチスの「ホロコースト」とは、あきらかにちがう処刑思想です。

ただ、ひとつたしかなのは、無意識裡に伝染するにせよ、事後的に学習するにせよ。攻撃性は合理化により正当化を必要としているらしい点です。殺害動機が憎悪でないにしろ、狂気というほかないエネルギーがそろわないかぎり、ありえない暴力性は、殺害を反復させるだけの強烈な正当化の装置を必要としており、知的病原体あっての犯行のはずだと。

79 在日コリアンなど民族的少数者、ゲイ男性など性的少数者、そしていわゆる障害者の相当数は、それぞれ人口の数％をしめる点で、量的に絶対

無視できない遍在する少数者たちですが、いわゆる「ハーフ」差別など
とことなるのは、一見して可視的ではない点です。つまり、カミングア
ウトしないとか、そもそも当人に自覚がないばあいなど、多数派にまぎ
れこんでしまうのです（社会学者＝人類学者アーヴィング・ゴフマンが
提起した「パッシング」）。つまり、少数者だと露見したら、ときにはげしい、
すくなくとも隠微に差別をうけるだろう少数者たちは、「不可視」である
「特性」を最大限にいかして、多数派にとけこむかたちで攻撃をさけると。
これは、前述した多数派の「同化ウイルス」による「同化吸収」圧力と
は別個に作動する、自発的な「無標」化という自衛戦術です。ちょうど、
アニメ映画『平成狸合戦ぽんぽこ』で、タヌキなど「化学（ばけがく）」
をもちいることができる野生動物が現代人にばけて、都市生活者として
「なにくわぬかお」をして（心労はあれど）いきぬいているのではという、
ユーモラスなファンタジーは「パッシング」の寓話にもみえます（ばけ
ている以上「カバーリング」か）。しかし、この寓話は、異質性＝少数者
性（有標性）をゆるさない差別者＝多数派の排除の視線が強烈であるが
ゆえに、あたかも少数者がほとんどいないかのように、表面上みえてい
るだけ、という構造を暗示してもいるのです。

80　　　　動くゲイとレズビアンの会（通称アカー、OCCUR）が東京都にあ
る府中青年の家への利用を1989年12月4日に電話にて申し込んだ。
1990年2月11日から1泊の予定で利用するものであったが、当日
は団体の他に少年サッカークラブ、女性合唱団、青年キリスト教団
体が利用していた。プログラム初日の夕方に、青年の家の職員臨席
で宿泊団体のリーダー会がもたれ、団体が同性愛者の人権を考える
団体であると紹介したが、リーダー会終了後、同宿のキリスト教青
年団体の参加者から団体メンバーに向けて「こいつらホモなんだぜ。
ホモの集団なんだぜ。」という言葉を投げつけられたり、団体メンバー
が入浴しているのを少年サッカークラブの小学生が覗き見し笑い声
をたてるなど、明らかに同性愛者を差別する嫌がらせを受けた。
　　　翌朝の朝食時にも、子どもたちと引率の大人たちが、「またオカマ
がいた」などと声をあげて笑うなど、無視できない差別的言動があっ
た。そのため団体が善処を求めて臨時のリーダー会が翌日の午後3
時に行われたが、そこで、いやがらせ行為について問われた青年キ
リスト教団体のリーダーは、旧約聖書の一節、『女と寝るように男と
寝るものは、ふたりとも憎むべきことをしたので、必ず殺されなけ
ればならない。』を読み上げ、同性愛は認められないなどと主張した。
（ウィキペディア「東京都青年の家事件」）

訴訟自体は、侮辱＝ヘイトスピーチに対する反論の機会をあたえず、
キリスト教団体の差別行為を黙認し、あたかもOCCURがわが不適切な
利用もうしこみをしたかのように、積極的に差別に加担した東京都が被

告とされましたが（東京都教育長は「男女別室ルール」をたてに同性愛者の宿泊利用を拒否し、団体での利用を妨害）、同宿の諸団体の品性下劣さは歴然としています。かれらが宗教者や指導者として自浄作用をはたらかせるどころか、ホモフォビアを発症させたのは、成人から児童まで男尊系ウイルス感染を共有していたことのあらわれでしょう。

81 長崎出島（でじま）の時代に発し、戦前もほそぼそとは存在が浮上していた「ハーフ」問題が一挙に社会的課題として認識されたのは、敗戦後からでした（かみた 2018，しもじ 2018）。

82 川崎市で、はじめて罰則つきの条例が制定されました。

> 「川崎市、ヘイトスピーチ禁止条例可決　罰金最高 50 万円」（朝日新聞　2019 年 12 月 12 日，https://www.asahi.com/articles/ASMDB6GG9MDBULOB01K.html）。

ちなみに、在日コリアン等の保護を目的としたこの条例は、日本人が被害者となることを想定していません。パブリックコメントとして「「日本人に対するヘイトスピーチを容認するのはおかしい」や「日本人へのヘイトスピーチも罰すべきである」といった意見が多く見られた」とのこと（「川崎市ヘイトスピーチ禁止条例、刑事罰はなぜ「国外出身者」に絞られるのか」『フォーブスジャパン』2019 年 12 月 13 日，https://forbesjapan.com/articles/detail/31263/2/1/1）。

しかし、日本人が、ヘイトスピーチによって恐怖にかられたといった事例は、ほとんどきいたことがありません。「日本人へのヘイトスピーチも罰すべきである」の大半は、ヘイトスピーチを事実上容認する差別的日本人の被害者意識にねざした逆差別論とかんがえたほうが無難です。

83 辛さんの箴言（しんげん）は、おなまえどおり辛辣ですが、すがすがしささえ感じるものです。でも、非常に残念なことに、つぎのような序文末尾が、いまはかなしく感じさせます。

> 女たちが当たり前に感じていたことが、当たり前に受け入れられるようになる時代が、もうそこまで来ている。手をのばせば、捕まえられる。
>
> ほらっ、一緒にちょっとだけ、背伸びをしてみようよ。
>
> 2000 年 5 月　　　　　　　　　　　　　　　　　辛淑玉

84 ネット右翼の一般的イメージとは乖離した実態については、ひぐち ほか（2019）など。

85 「失言」をくりかえしながら、辞職もしなければ、のうのうと再選もされてしまう政界・選挙区の自浄作用のなさ同様、「人気があるから」と免罪されてしまうのが、商業主義メディアのつね。権力者がわがうそぶく、「誤解」「説明不足」や「冤罪」などのにげ＝「冷却期間」等で、「悪貨が良貨を駆逐する」残念な現実が当分つづきそうです。

86 「美しい国」を標榜するもと首相は、自分の演説への野次を逮捕によって

阻止したりする一方、国会内で野党議員の質問に野次をとばす「表現の自由」だの「思想信条の自由」は当然の「権利」とおもっているようで、その二重の基準の醜悪さは類をみないとおもいます（現在匹敵するのは某国大統領ぐらいか）。「厚顔無恥ウイルス」の発症はあきらかとおもいますが、国政は、はたして改善されていくのでしょうか？

87 イジメ現象については無数の解析の蓄積がありますが、とりあえず、いとー（2007）、もりぐち（2007）、どい（2008）、ないとー（2009）、やまわき（2009）、もりた（2010）、げんだいしそー（2012）、いまづ（2014）など。

88 アニメ『ドラえもん』をイジメ等の反面教師として学習教材につかうことは、有益かもしれません。「ジャイアン」のようなキャラを、「よくいるヤツ」などと自明視するのではなく、「男尊系ウイルス」などの発症者として、警戒するテキストとしてです。

　　DV／ハラスメント対策を軸に活動するあるカウンセラーは「ジャイアンがそのまま大人になったモラハラパーソナリティ」と指摘しています（たにもと 2012：44-6）。

89 実際には、あまり沈思黙考などせず、形式的に「討論」をさせているつもりの、偽善・欺瞞にみちた道徳教育など廃絶すべきでしょう。

90 ジェンダー間でのコンプレックスを説明するときに、フロイト／ラカン／ルネ・ジラールあたりの「欲望の三角形」モデルに依拠する合理的根拠があるとはおもえません。端的にいえば、ライバル視する「父」の欲望をコピーするうんぬんなのですが、性的欲望をおぼえるという心理機制と、攻撃性とはかならずしも一致しないはずなのに、なぜ女性は軽侮されるのか、なぜ攻撃性が性的・物理的なものもふくめて女性が標的化されるのか、説明になっていないからです。

91 ちなみに、ハラスメントの連鎖を教育関係の本質として先駆的に指摘したのは、思想史家の関曠野さんでした。関さんは、「教育のニヒリズム」という論考で、近代的スクーリングを根源的に検討し、「かつて生徒としての屈辱と抑圧を体験したものが教師として生徒にのぞみ、過去のうっぷんを彼らに向けて晴らすことで学校に対する間接的な復讐を果たすことになる。ここには、犠牲者が犠牲者を生み出すドラキュラ物語的な悪循環が見られる」と痛烈に批判しました（せき 1985：186）。本書の仮説によれば、「調教系ウイルス」「同化ウイルス」の感染・発症を抑止しないかぎり、攻撃性の連鎖＝悪循環は、やまないことになります。親子関係を暴力的な教育関係（ハラッサー／ハラッシー）とする、ナチズムをささえたドイツ民族の父子関係的基盤のおぞましさについては、アリス・ミラーの古典的解析があります（ミラー 1983）。

92 保守系の女性なら、「性暴力被害なんて告発しちゃだめだし、こうならないように自衛するしかない」と「学習」するでしょう。

93 戦時暴力などでの輪姦等集団暴行は羞恥心が欠落したホモソーシャルな病理現象なので、男性性の確認行為であるとともに、公開処刑的な意味あいがあるのだとおもわれます。かれらは、会社や兵営など組織のなかでの心身への暴力にたえた体験を憤怒としてためこみ、時間差で、まったく無関係の、おちどなど全然ない弱者に「復讐」のようにぶつけてきたと。

さらに、それを産業化したのが性風俗業界とかんがえられるし、一方、あえて市場化せず、私的に社会学的密室でくりかえされてきたのが虐待（性暴力）だっただけだとの解釈も可能でしょう。

94 「いまどきの連中は〜」という一般化は、「俗流若者論」（後藤和智）とよばれるようになりました。2004年ごろから社会学周辺で定着したこのキーワードですが、いまだに、オジサンたちは、くりかえしていますし、「いまどきの〜」といわれていた当時の「若者」が、自分たちもオジサンとなって若年世代にいうようになっているようです。

95 承認欲求が人類に普遍的な心理であるとする一方、他者の承認を前提にした自分らしさの追求が近代的アイデンティティ形成の基本となったことで、「承認の不安」が発生したとの指摘もあります（やまたけ 2011:131）。「承認欲求」が呪縛になると指摘する太田肇教授は、SNS が利用者に対して「認められるような書き込みをしなければいけない」という圧迫感をもたらすとウェブアンケートの結果をひいています（おーた 2019:61）。「いいね」のかずをふやしたいとか、アクセスランキング上昇や維持自体が目的化する傾向は、以前から指摘されてきた傾向です。Facebook や Twitter などの発案者たちが、これら承認欲求の刺激を、マーケティング上軽視しているはずがありません。むしろ、現代人、とりわけ経済先進地域の都市生活者が広範にかかえる「承認をめぐる病」（さいとー 2016）をターゲットとしているからこそ成立した商法であると。

おわりに

　昨日、今年度の授業をおえ、少々ほっとした気分で「編集後記」
をかきはじめました。

　筆者は、数年まえから学部教育での卒業論文指導はおえて、もっ
ぱら全学共通教育を担当し、そのほとんどで社会学周辺の講義ばか
りをもつようになったのですが、ひとつだけ例外的な社会学科目を
近年もっています。それは、文学部の地理歴史科の教員免許をとろ
うとする学生中心の「社会学概論」です。ほかの担当科目とちがい
文学部の学生しか履修していないので、問題関心もおのずと限定さ
れています。いきおい歴史教育の実践者になったとしたら、近現代
史はどういう理念で授業準備をすべきか、社会学徒だったらどうか
んがえるか、という問題設定をして、社会学を地歴科教育にいかせ
そうな問題提起をちりばめることになりました。全学共通教育の社
会学の前期授業とはテキストだけ共通で、編成はもちろん力点も全
然ことなる15週となるわけです。

　今年度（2019年度）は、問題提起として、中学入試でしばしば
出題される、「10年前には○○がありました」「20年前には△△がお
きました」といった、年表での、ふりかえり作業を参考にするよう、
学生に20世紀を10年きざみで遡行する作業を紹介しました。日
本史の年号暗記の際の、日清戦争（1894年−1895年）→日露戦争
（1904年−1905年）→第一次世界大戦（1914年−1918年）といっ
たものの再活用ですね。

　実は、2019年という年号は、10年きざみで遡行すると激動の20
世紀の転換点がいくつもあったことに気づかされます。

1999 年：EU ユーロ導入／NATO 軍ユーゴ空爆／コロンバイン高校銃乱射事件／中国、法輪功を非合法化／東海村 JCO 臨界事故／マカオ返還／パナマ運河返還

1989 年：昭和天皇逝去／パパ・ブッシュ米大統領に／ソ連アフガニスタンから撤退／ソ連・東欧体制崩壊へ／天安門事件／第 1 回 APEC 開催

1979 年：米国と中華民国断交・中華人民共和国と国交樹立／国公立大共通一次試験／イラン革命／中越戦争／スリーマイル島原子力発電所事故／サッチャー政権発足／天然痘根絶／初公認の女子マラソン／全斗煥がクーデタで全権掌握／ソ連のアフガニスタン侵攻

1969 年：東大安田講堂攻防戦で入試中止／空自 F104J 金沢市街に墜落／日本の GNP が西ドイツをぬく／原子力船むつ進水／カナダ公用語法で英仏バイリンガル／成田空港建設開始／中国地下核実験／ 10.21 国際反戦デー闘争／大菩薩峠事件／佐藤首相訪米阻止闘争／ ATM 初設置

1959 年：メートル法実施／キューバ革命／アラスカ州成立／ド・ゴール政権発足／チベット蜂起／砂川事件で違憲判決／皇太子成婚／東京五輪決定／宮森小学校米軍機墜落事故／水俣病有機水銀中毒と断定／ハワイ州成立／伊勢湾台風／在日朝鮮人帰還事業開始

1949 年：アイルランド共和国成立／NATO 発足／イスラエル国連加盟／中国国民党台湾に亡命政権／国鉄三大ミステリー事件（下山

事件・三鷹事件・松川事件)／ソ連で核実験成功／中華人民共和国成立／ドイツ東西分裂／朝鮮学校閉鎖令

1939年：金製品回収・強制買い上げ／チェコスロバキア併合／スペイン内戦終結／ノモンハン事件／国民徴用令／独ソ不可侵条約／第二次世界大戦勃発／物価統制令

1929年：スターリン体制完成／血のメーデー事件（ドイツ）／パリ不戦条約／ブラック・サーズデー（世界恐慌）／光州学生事件（朝鮮）

1919年：パリ講和会議（第一次大戦）／3・1独立運動／シベリア出兵／5・4運動／ヴァイマル憲法

1909年：韓国併合の方針閣議決定／日清協約調印（満州／間島）／伊藤博文射殺

　なかば恣意的に歴史的事件をひろい羅列しただけにみえるかもしれませんが、政治的な転換点、政治経済的に象徴的な事件だけひろいあげています。

　もちろん、こんなにこまごま具体的な歴史的事件を全部学生に提示したわけではありません。ただ、これらの一部に着目しただけでも、激動の20世紀をかなりの程度想像できようというもの。

　重要なのは、こういった歴史的事件が19世紀以前とは異次元な密度でめじろおしなのに、中学高校では、完全に時間ぎれ、教員のエネルギーぎれで、超かけあしですませてしまう点。失礼ながら、20世紀の世界史的重要性を痛感しているとはおもえない、実に無

責任な時間・エネルギー配分だとしかいいようがありません。だから、学生には「こんなわだちは絶対ふまないでほしい。そうでないと、韓国人や中国人から歴史的無知を軽蔑されつづける日本人がいつまでも再生産されてしまうし、本当の意味での友好関係などむすべっこない」と、檄（げき）をとばした次第です。

　以上は、多彩な分野で活躍されている安冨歩さんによる、ハラスメント反復史として再検討する東アジア史という問題提起から、着想をえました。筆者のオリジナリティーとしては、この基本構想を歴史認識の修正や外交にいかすだけではなくて、ハラスメントほか、さまざまな攻撃性を説明可能にする、少々おおぶろしきなモデルの提案。それが、前作『アタマとココロの健康のために』で提起した、知的病原体の想定、「社会的ウイルス」という、Meme概念の限定的モデルでした。

　前作では、攻撃性の影響という点で深刻とおもえるものだけにとどめましたが、今回は、なるべく網羅的に攻撃性をカバーできるように、「ウイルス」の理念型を、おもいつくかぎりふやしてみました。もちろん、うっかり説明しわすれている領域・現象がのこっているかとおもいます。ただ、それは『あそび／労働／余暇の社会学』で、労働概念／ゲーム概念を、なるべく網羅的に列挙しようとしたのと同様、問題提起に刺激をうけたかたが登場すれば、おのずと修正・補強されると信じています。

　養老孟司さんは、「社会に空いた穴」「そのまま放っておくとみんなが転んで困るから、そこを埋めてみる。ともかく目の前の穴を埋める。それが仕事」だと断言しました（「自分に合った仕事なんて探すな」　養老孟司先生の語る「働くってこういうこと」,『デイリー新潮』2018. 6. 22）。本書が「放っておくとみんなが転んで困る」ような

「社会に空いた穴……を埋めてみる」作業だったのか、それはまだわかりません。ただ、各分野の専門家が、それぞれ別個に議論や対策を提案してきたことを一度整理できたら、作業時間と投入エネルギーは相当節約できるのではないか、そうかんがえた次第です。かりに整理作業がダメダメであっても、一度整理してしまいさえすれば、混乱・未整理部分もうきあがってみえるはずですし。

さて、わたくしごとをひとつ。本書は攻撃性について社会学的解析をこころみた『たたかいの社会学』を刊行して20年にあたり、筆者のくぎりとなる作品となりました。マルクスとウェーバーという葛藤理論系の社会学の二大始祖の系譜につらなろうといきごんだ、つたない一般書でしたが、青年期をおえようとする最後のエネルギーが、いまでもほとばしってくる拙著。それが、本書につらなる遍歴の出発点でした。スマホやSNSなどネット関連の話題が全然登場しないひとむかしまえの議論のはずなのですが、よみかえしても不思議とアナクロ感がたちのぼりません。それは、ネット社会の普遍化という激動をへても攻撃性の本質などは存外変化しづらい領域なのではないか（「人間の本質的攻撃性」といった俗流生物学的人間観ではなく）という仮説を浮上させるものです。

ただし、20年のあいだに劇的に進化したICTは、現代社会のかかえる攻撃性を以前より、高速かつ大量に表面化させた点で、現代人のかくしてきた攻撃性をより鮮明に明瞭に認識させたといえます。それは、広義の社会学が、多様性を直視しながら理論的更新をすすめた結果、社会病理により明晰にフォーカスがあつまるようになったことと並行しています。スマホ依存など人間関係の遠隔的な同期化が進行するなかで「社会学的密室」の含意が一層はっきりうきぼ

りになったのは、その典型例です。

　以前は物理的な閉鎖空間でリンチがくりかえされたのが、現在は、脱出できない金縛り状態の被害者への公開リンチと変容した。ただし、社会的弱者が標的化して、みうごきがとれない点は同質だといった感じですね（ストーカーによるDVなどは、密室もSNSなども不要なマインドコントロールですから、古典的支配）。

　広義の社会学は、21世紀現在、監視社会化の諸相や、エコーチェンバー現象とか、ホームグロウン・テロリズムなど、あらたな展開に着目しながら、視野をますますひろげねばならないようです。しかし同時に、DVや虐待やイジメほか、さまざまなハラスメントから市民がにげだし、いきぬけるか、そのために護身術やパルクール的逃走術となりそうな知見を提供する責任（臨床系諸学とは別個の責務）もあるとおもっています。攻撃に適切に対処し、たくみににげきる。自身の急所を自覚し、攻撃者の弱点を的確に攻略して、やられずにいきぬく。なかまが、ひとりでもおおくいきのび、長期的にはふえるよう、自家製ワクチンをたやさない。……

　以上、みなさんの思考の整理に、すこしでもおやくにたてれば、さいわいです。

　最後になりますが、年度末のとりこんでいる時期に、面倒な作業に時間をさいてくださった三元社のみなさまに、感謝いたします。

　　25年まえ、阪神・淡路大震災が発生した日に（2020/1/17）

【参考文献】

いとー・かずこ（伊藤和子）2019『なぜ、それが無罪なのか!? 性被害を軽視する日本の司法』ディスカヴァー・トゥエンティワン

いとー・しおり（伊藤詩織）2017『Black Box』文藝春秋

いとー・しげき（伊藤茂樹）編，2007『いじめ・不登校（リーディングス日本の教育と社会 8）』日本図書センター

いまづ・こーじろー（今津孝次郎）1997『教育言説をどう読むか──教育を語ることばのしくみとはたらき』新曜社

いまづ・こーじろー（今津孝次郎）2010『続・教育言説をどう読むか──教育を語ることばから問いなおす』新曜社

いまづ・こーじろー（今津孝次郎）2014『学校と暴力──いじめ・体罰問題の本質』平凡社

うえの・ちずこ（上野千鶴子）2018『女ぎらい──ニッポンのミソジニー』朝日新聞出版

うちだ・りょー（内田良）2015『教育という病──子どもと先生を苦しめる「教育リスク」』光文社

うちだ・りょー（内田良）／さいとー・ひでみ（斉藤ひでみ）2018『教師のブラック残業──「定額働かせ放題」を強いる給特法とは?!』学陽書房

オーウェル，ジョージ＝高橋和久訳，2009『一九八四年』早川書房

おおた としまさ，2019『ルポ教育虐待 毒親と追いつめられる子どもたち』ディスカヴァー・トゥエンティワン

おーた・はじめ（太田肇）2019『「承認欲求」の呪縛』新潮社

おーた・まさひで（大田昌秀）1969『醜い日本人 日本の沖縄意識』サイマル出版→2000『新版 醜い日本人 日本の沖縄意識』岩波書店

おーつか・ひかり（大塚ひかり）2004『源氏の男はみんなサイテー──親子小説としての源氏物語』筑摩書房

かじやま・すみこ（梶山寿子）2016『夫が怖くてたまらない』ディスカヴァー・トゥエンティワン

かただ・たまみ（片田珠美）2019『子どもを攻撃せずにはいられない親』PHP研究所

かどくら・たかし（門倉貴史）2009『貧困ビジネス』幻冬舎

かなざわ・たかゆき（金澤貴之）編著，2001『聾教育の脱構築』明石書店

かねこ・まさおみ（金子雅臣）2006『壊れる男たち──セクハラはなぜ繰り返されるのか』岩波書店

かみた・せーじ（上田誠二）2018『「混血児」の戦後史』青弓社

かわぶち・よりこ（川渕依子）2010『高橋潔と大阪市立聾唖学校──手話を守

り抜いた教育者たち』サンライズ出版

クァク・ジョンナン，2017『日本手話とろう教育——日本語能力主義をこえて』生活書院

グリューン，アルノ＝上田浩二ほか訳，2005『人はなぜ憎しみを抱くのか』集英社

げんだいしそー（現代思想）2012『現代思想 2012 年 12 月臨時増刊号（第 40 巻第 16 号）緊急復刊　imago——いじめ　学校・社会・日本』青土社

げんだいしそー（現代思想）2018『現代思想 2018 年 7 月号 特集　性暴力＝セクハラ ——フェミニズムと MeToo』青土社

こーかみ・しょーじ（鴻上尚史）2006『「空気」と「世間」』講談社

こーかみ・しょーじ（鴻上尚史）2019『「空気」を読んでも従わない——息苦しさからラクになる』岩波書店

さいとー・あきよし（斉藤章佳）2019『「小児性愛」という病——それは、愛ではない』ブックマン社

さいとー・たまき（斎藤環）2016『承認をめぐる病』筑摩書房

さかい・じゅんこ（酒井順子）2003『負け犬の遠吠え』講談社

ささはら・かずとし（笹原和俊）2018『フェイクニュースを科学する——拡散するデマ、陰謀論、プロパガンダのしくみ』化学同人

さまき・たけお（左巻健男）2019『学校に入り込むニセ科学』平凡社

しもじ・ろーれんす・よしたか（下地ローレンス吉孝）2018『「混血」と「日本人」——ハーフ・ダブル・ミックスの社会史』青土社

シン・スゴ（辛 淑玉）2000『強きを助け、弱きをくじく男たち』講談社

すない・なおこ（巣内尚子）2019『奴隷労働——ベトナム人技能実習生の実態』花伝社

せき・ひろの（関曠野）1985「教育のニヒリズム」『現代思想 1985 年 11 月号 特集　教育のパラドックス』青土社

たにぐち・まゆみ（谷口真由美）ほか，2019『ネットと差別扇動　フェイク／ヘイト／部落差別』解放出版社

たにもと・えみ（谷本惠美）2012『カウンセラーが語るモラルハラスメント』晶文社

どい・たかよし（土井隆義）2008『友だち地獄——「空気を読む」世代のサバイバル』筑摩書房

トンプソン，デイミアン＝中里京子訳，2014『依存症ビジネス——「廃人」製造社会の真実』ダイヤモンド社

ないとー・あさお（内藤朝雄）2009『いじめの構造』講談社

なかしま・たけし（中島武史）2018『ろう教育と「ことば」の社会言語学——手話・英語・日本語リテラシー』生活書院

なかじま・さちこ（中島幸子）2013『マイ・レジリエンス——トラウマとともに生きる』梨の木舎

なかの・のぶこ（中野信子）2016『サイコパス』文藝春秋

なかむら・ただし（中村正）2008「暴力をふるう男性——コミュニケーション行動の特性」柏木惠子＋高橋惠子編，『日本の男性の心理学——もう一つのジェンダー問題』有斐閣，pp.275-280

にしえ・まさゆき（西江雅之）2005『「食」の課外授業』平凡社

のぶた・さよこ（信田さよ子）2002『DVと虐待——「家族の暴力」に援助者ができること』医学書院

のむら・こーや（野村浩也）2005『無意識の植民地主義——日本人の米軍基地と沖縄人』御茶の水書房　→ 2019『増補改訂版　無意識の植民地主義——日本人の米軍基地と沖縄人』松籟社

のむら・こーや（野村浩也）編，2007『植民者へ』松籟社

はせがわ・としかず（長谷川寿一）＋はせがわ・まりこ（長谷川眞理子）2000「戦後日本の殺人の動向」『科学』70，pp.560-568

はせがわ・としかず（長谷川寿一）2008「殺人動向から考える男性心理——進化心理学の視点」，柏木惠子＋高橋惠子編『日本の男性の心理学——もう一つのジェンダー問題』有斐閣，pp.45-52

ひぐち・なおと（樋口直人）ほか，2019『ネット右翼とは何か』青弓社

ふじもと・ゆかり（藤本由香里）2008『私の居場所はどこにあるの？ 少女マンガが映す心のかたち』朝日新聞出版

ブラックモア，スーザン＝垂水雄二訳，2000『ミーム・マシーンとしての私』草思社

ふるしょー・じゅんいち（古荘純一）＋いそざき・ゆーすけ（磯崎祐介）2015『教育虐待・教育ネグレクト——日本の教育システムと親が抱える問題』光文社

まきの・まさこ（牧野雅子）2019『痴漢とはなにか——被害と冤罪をめぐる社会学』エトセトラブックス

ましこ・ひでのり，2007『たたかいの社会学——悲喜劇としての競争社会（増補新版）』三元社

ましこ・ひでのり，2012『社会学のまなざし』三元社

ましこ・ひでのり，2013『愛と執着の社会学——ペット・家畜・えつけ、そして生徒・愛人・夫婦』三元社

ましこ・ひでのり，2014『加速化依存症——疾走／焦燥／不安の社会学』三元社

ましこ・ひでのり，2017『コロニアルな列島ニッポン——オキナワ／オホーツク／オガサワラがてらしだす植民地主義』三元社

ましこ・ひでのり，2018a『あそび／労働／余暇の社会学——言語ゲーム・連辞符カテゴリー・知識社会学を介した行為論』三元社

ましこ・ひでのり，2018b『アタマとココロの健康のために——社会学的知の実践：レイシズム・ミソジニー感染防止ワクチンとハラスメント』三

元社

ましこ・ひでのり，2019『身体教育の知識社会学――現代日本における体育・食育・性教育・救急法等をめぐる学習権を中心に』三元社

ミラー，アリス＝山下公子訳，1983『魂の殺人――親は子どもに何をしたか』新曜社

むた・かずえ（牟田和恵）2013『部長、その恋愛はセクハラです！』集英社

もりぐち・あきら（森口朗）2007『いじめの構造』新潮社

もりた・まさひと（森田理仁）2016「ヒトの行動に関する進化生物学的研究と社会の関係」『日本生態学会誌』66, pp.549-560, https://www.jstage.jst.go.jp/article/seitai/66/3/66_549/_pdf

もりた・よーじ（森田洋司）2010『いじめとは何か――教室の問題、社会の問題』中央公論新社

やすとみ・あゆみ（安冨歩）＋ほんじょー・せーいちろー（本條晴一郎）2007『ハラスメントは連鎖する――「しつけ」「教育」という呪縛』光文社

やまたけ・しんじ（山竹伸二）2011『「認められたい」の正体――承認不安の時代』講談社

やまもと・あきこ（山本章子）2016「1950年代における海兵隊の沖縄移転」，屋良朝博ほか『沖縄の海兵隊　駐留の歴史的展開』旬報社

やまもと・おさむ（山本おさむ）2000『わが指のオーケストラ (1) (2) (3)』秋田書店

やまわき・ゆきこ（山脇由貴子）2009『教室の悪魔――見えない「いじめ」を解決するために』ポプラ社

リッツァ，ジョージ＝正岡寛司訳，1999『マクドナルド化する社会』早稲田大学出版部

著者紹介

ましこ・ひでのり（msk@myad.jp）

1960年茨城県うまれ。東京大学大学院教育学研究科博士課程修了（博士：教育学）。日本学術振興会特別研究員などをへて、現在、中京大学教養教育研究院教授（社会学）。

主要著作：『日本人という自画像』、『ことばの政治社会学』、『増補新版 イデオロギーとしての「日本」』、『あたらしい自画像』、『増補新版 たたかいの社会学』、『幻想としての人種／民族／国民』、『知の政治経済学』、『社会学のまなざし』、『愛と執着の社会学』、『加速化依存症』、『ゴジラ論ノート』、『コロニアルな列島ニッポン』、『言語現象の知識社会学』、『あそび／労働／余暇の社会学』『アタマとココロの健康のために』『身体教育の知識社会学』（以上単著、三元社）。

共著に「社会言語学」刊行会編『社会言語学』（1-19号＋別冊3）、真田信治・庄司博史編『事典 日本の多言語社会』（岩波書店）、前田富祺・野村雅昭編『朝倉漢字講座5 漢字の未来』（朝倉書店）、『ことば／権力／差別』（三元社、編著）、『行動する社会言語学』（三元社、共編著）、大橋・赤坂・ましこ『地域をつくる―東海の歴史的社会的点描』（勁草書房）、田尻英三・大津由紀雄 編『言語政策を問う！』（ひつじ書房）、米勢・ハヤシザキ・松岡編『公開講座 多文化共生論』（ひつじ書房）、Mark ANDERSON, Patrick HEINRICH ed. "Language Crisis in the Ryukyus" Cambridge Scholars Publishing ほか。

アンチウイルスソフトとしての社会学

アタマとココロの健康のために　II

発行日…………2020年9月30日 初版第1刷

著　者…………ましこ・ひでのり

発行所…………株式会社 三元社

〒113-0033　東京都文京区本郷1-28-36
電話／03-5803-4155　FAX／03-5803-4156

印　刷…………モリモト印刷 株式会社
製　本…………鶴亀製本 株式会社

表示は本体価格

表示は本体価格

戦時下のピジン中国語 「協和語」「兵隊支那語」など

桜井隆／著

●7500円

従軍記、回顧録、部隊史等も資料に取り入れ、言語接触のありさまや日中語ピジンの再構築を試みる。

帝国・国民・言語

平田雅博＋原聖／編

●2300円

帝国・国民国家の辺境における言語状況はどのように対応され、人々にいかなる影響をもたらしたのか。

多言語社会日本 その現状と課題

多言語化現象研究会／編

●2500円

「多言語化」をキーワードに、日本語・国語教育、母語教育、言語福祉、言語差別などをわかりやすく解説。

共生の内実 批判的社会言語学からの問いかけ

植田晃次＋山下仁／編著

●2500円

多文化「共生」の名のもとに何がおこなわれているのか。図式化され、消費される「共生」を救いだす試み。

「正しさ」への問い 批判的社会言語学の試み

野呂香代子＋山下仁／編著

●2800円

言語を取り巻く無批判に受容されている価値観、権威に保証された基準・規範を疑うことでみえるもの。

言語権の理論と実践

渋谷謙次郎＋小嶋勇／編著

●2600円

従来の言語権論の精緻な分析を通し、研究者と法曹実務家があらたな言語権論を展開する。

言語復興の未来と価値 理論的考察と事例研究

桂木隆夫＋ジョン・C・マーハ／編

●4000円

言語の多様性が平和をもたらす。マイノリティ言語復興ネットワークの可能性を理論的・実践的に展望。

危機言語へのまなざし 中国における言語多様性と言語政策

石剛／編

●2500円

多民族・多言語多文字社会である中国における「調和的言語生活の構築」とは、何を意味しているのか。

ことばの「やさしさ」とは何か 批判的社会言語学からのアプローチ

義永美央子＋山下仁／編

●2800円

言語研究において「やさしさ」とは如何に表れるかを批判的に捉え直し、新たな「やさしさ」を模索する。

表示は本体価格

表示は本体価格